Ensino de Língua Portuguesa

Dados Internacionais de Catalogação na Publicação (CIP)
(Câmara Brasileira do Livro, SP, Brasil)

Ensino de língua portuguesa / Claudia Riolfi... [et al.] —
São Paulo : Cengage Learning, 2016. — (Coleção ideias em
ação / coordenadora Anna Maria Pessoa de Carvalho)

3. reimpr. da 1. ed. de 2008.
Outros autores: Andreza Rocha, Marco A. Canadas,
Marinalva Barbosa, Milena Magalhães, Rosana Ramos.
Bibliografia.

ISBN 978-85-221-0588-5

1. Português - Gramática - Estudo e ensino I. Riolfi,
Claudia. II. Rocha, Andreza. III. Canadas, Marco A. IV.
Barbosa, Marinalva. V. Magalhães, Milena. VI. Carvalho,
Anna Maria Pessoa de. VII. Ramos, Rosana. VIII. Série.

07-7397   CDD-469.507

Índices para catálogo sistemático:
1. Gramática : Estudo e ensino 496.507
2. Língua portuguesa : Gramática : Estudo e ensino 469.507

Coleção Ideias em Ação

Ensino de Língua Portuguesa

Claudia Riolfi
Andreza Rocha
Marco A. Canadas
Marinalva Barbosa
Milena Magalhães
Rosana Ramos

Coordenadora da Coleção
Anna Maria Pessoa de Carvalho

Austrália • Brasil • Japão • Coreia • México • Cingapura • Espanha • Reino Unido • Estados Unidos

Coleção Ideias em Ação
Ensino de Língua Portuguesa
Claudia Riolfi
Andreza Rocha
Marco A. Canadas
Marinalva Barbosa
Milena Magalhães
Rosana Ramos
Anna Maria Pessoa de Carvalho
(coordenadora da Coleção)

Gerente Editorial: Patricia La Rosa

Editora de Desenvolvimento: Danielle Mendes Sales

Supervisor de Produção Editorial: Fábio Gonçalves

Produtora Editorial: Gabriela Trevisan

Supervisora de Produção Gráfica: Fabiana Alencar Albuquerque

Copidesque: Andrea Pisan Soares Aguiar e Thereza Cristina de Freitas

Revisão: Mônica Cavalcante Di Giacomo e Sueli Bossi

Diagramação: Join Bureau

Capa: Eduardo Bertolini

© 2008 Cengage Learning Edições Ltda.

Todos os direitos reservados. Nenhuma parte deste livro poderá ser reproduzida, sejam quais forem os meios empregados, sem a permissão, por escrito, da Editora. Aos infratores aplicam-se as sanções previstas nos artigos 102, 104, 106 e 107 da Lei nº 9.610, de 19 de fevereiro de 1998.

Esta editora empenhou-se em contatar os responsáveis pelos direitos autorais de todas as imagens e de outros materiais utilizados neste livro. Se porventura for constatada a omissão involuntária na identificação de algum deles, dispomo-nos a efetuar, futuramente, os possíveis acertos.

Para informações sobre nossos produtos, entre em contato pelo telefone **0800 11 19 39**

Para permissão de uso de material desta obra, envie seu pedido para **direitosautorais@cengage.com**

© 2008 Cengage Learning. Todos os direitos reservados.

ISBN-13: 978-85-221-0588-5
ISBN-10: 85-221-0588-X

Cengage Learning
Condomínio E-Business Park
Rua Werner Siemens, 111 – Prédio 11 – Torre A –
Conjunto 12 – Lapa de Baixo –
CEP 05069-900 – São Paulo – SP
Tel.: (11) 3665-9900 – Fax: (11) 3665-9901
Sac: 0800 11 19 39

Para suas soluções de curso e aprendizado, visite
www.cengage.com.br

Impresso no Brasil
Printed in Brazil
1 2 3 4 5 6 7   11 10 09 08

Agradecimentos

Nossa gratidão:

aos alunos das disciplinas metodologia do ensino de Língua Portuguesa e metodologia de ensino da linguística, na Faculdade de Educação da USP, pela leitura atenta de grande parte do rascunho que deu origem a este volume; por testarem várias das atividades aqui propostas durante seus estágios; e por, tão generosamente, compartilharem os resultados obtidos conosco;

aos profissionais das Secretarias Municipais de Educação de Itatiba e de São Paulo, que, interessados em melhor compreender nossa proposta, não recuaram diante da coragem necessária para partilhar sua prática conosco nas ocasiões durante as quais discutimos as ideias germinais deste volume;

a Emari Andrade de Jesus, Émerson de Pietri, Mical de Melo Marcelino Magalhães, Rodrigo Moura Lima de Aragão e Thomas Massao Fairchild pela leitura cuidadosa dos nossos primeiros originais e pelas inúmeras sugestões apresentadas, sem as quais, indiscutivelmente, não teríamos conseguido concluir nossa empreitada.

Apresentação

A coleção Ideias em Ação nasceu da iniciativa conjunta de professores do Departamento de Metodologia do Ensino da Faculdade de Educação da Universidade de São Paulo, que, por vários anos, vêm trabalhando em projetos de Formação Continuada de Professores geridos pela Fundação de Apoio à Faculdade de Educação (Fafe).

Em uma primeira sistematização de nosso trabalho, que apresentamos no livro *Formação continuada de professores: uma releitura das áreas de conteúdo*, publicado por esta mesma editora, propusemos o problema da elaboração e da participação dos professores nos conteúdos específicos das disciplinas escolares – principalmente aquelas pertencentes ao currículo da Escola Fundamental – e na construção do Projeto Político-Pedagógico das escolas. Procuramos, em cada capítulo, abordar as diferentes visões disciplinares na transposição dos temas discutidos na coletividade escolar para as ações dos professores em sala de aula.

Nossa interação com os leitores deste livro mostrou que precisávamos ir além, ou seja, apresentar com maior precisão e com mais detalhes o trabalho desenvolvido pelo nosso grupo na formação continuada de professores das redes oficiais – municipal e estadual – de ensino. Desse modo, cada capítulo daquele primeiro livro deu origem a um novo livro da coleção que ora apresentamos. A semente plantada germinou, dando origem a muitos frutos.

Os livros desta coleção são dirigidos, em especial, aos professores que estão em sala de aula, desenvolvendo trabalhos com seus alunos e influenciando as novas gerações. Por conseguinte, tais obras também têm como leitores os futuros professores e aqueles que planejam cursos de Formação Continuada para Professores.

Cada um dos livros traz o "que", "como" e "por que" abordar variados tópicos dos conteúdos específicos, discutindo as novas linguagens a eles associadas e propondo atividades de formação que levem o professor a refletir sobre o processo de ensino e de aprendizagem.

Nesses últimos anos, quando a educação passou a ser considerada uma área essencial na formação dos cidadãos para o desenvolvimento econômico e social do país, a tarefa de ensinar cada um dos conteúdos específicos sofreu muitas reformulações, o que gerou novos direcionamentos para as propostas metodológicas a serem desenvolvidas em salas de aula.

Na escola contemporânea a interação professor/aluno mudou não somente na forma, como também no conteúdo. Duas são as principais influências na modificação do cotidiano das salas de aula: a compreensão do papel desempenhado pelas diferentes linguagens presentes no diálogo entre professor e alunos na construção de cada um dos conteúdos específicos e a introdução das TICs – Tecnologias de Informação e Comunicação – no desenvolvimento curricular.

Esses e muitos outros pontos são discutidos, dos pontos de vista teórico e prático, pelos autores em seus respectivos livros.

Anna Maria Pessoa de Carvalho
Professora Titular da Faculdade de Educação da
Universidade de São Paulo e Diretora Executiva da Fundação
de Apoio à Faculdade de Educação (Fafe)

Sumário

Introdução XI

PARTE I – ENSINAR LÍNGUA PORTUGUESA HOJE PARA O ALUNO REAL

Capítulo 1
Ensinando Língua Portuguesa no século XXI 3

Capítulo 2
Um ponto de partida para a organização do cotidiano escolar ... 13

Capítulo 3
O objeto de análise das aulas de Língua Portuguesa 27

PARTE II – ENSINAR A LER

Capítulo 4
Considerações preliminares sobre o ensino da leitura 45

Capítulo 5
Recuperar pistas para criar um percurso interpretativo
de leitura 61

Capítulo 6
O "lugar nenhum" da literatura nas aulas de
Língua Portuguesa 75

Capítulo 7
As especificidades do texto literário 95

PARTE III – ENSINAR A ESCREVER

Capítulo 8
Especificidades do ato de ensinar e aprender a escrever 113

Capítulo 9
Problemas comuns no processo de ensino da escrita 135

Capítulo 10
Diagnóstico de escrita do texto narrativo: exemplificando
passo a passo 159

PARTE IV – ENSINAR E APRENDER A ANALISAR

Capítulo 11
A delicada questão da gramática normativa 179

Capítulo 12
Da preparação à avaliação de segmentos lógicos no ensino
da Língua Portuguesa 193

Capítulo 13
Até onde conseguiremos ir com o ensino da Língua Portuguesa
destinado ao jovem contemporâneo? 211

Anexo 231

Introdução

> *Há no mundo ódio à exceção – e ser si mesmo é ser exceção.*
> *Ser exceção é defendê-la contra todos os*
> *assaltos da uniformização: isto me parece a grande coisa.*
> Monteiro Lobato[1]

Este trabalho é um dos resultados mais palpáveis de nossa pesquisa sobre a metodologia de ensino da Língua Portuguesa. Na Parte I, começamos este volume com uma discussão mais ampla sobre os desafios que as alterações sofridas pelos alunos trazem ao ensino de nossa língua. Na Parte II, passamos para a construção de um trabalho que visa ao aprimoramento da leitura dos mais variados tipos de texto; na Parte III, colocamos o ensino da escrita em discussão e indicamos algumas soluções de encaminhamento para os impasses apresentados. Concluímos, na Parte IV, discorrendo sobre a necessidade de uma análise a ser realizada pelo aluno e pelo professor; o primeiro, considerando a linguagem como objeto; o segundo, avaliando a produção do aluno.

Gostaríamos que este livro fosse recebido como um convite à formação de uma parceria de trabalho cujo resultado seja a realização de um caminho singular e único. Acima de tudo, que o resultado não seja inócuo em face dos desafios que nossos alunos de carne e osso nos colocam todos os dias. Por esse motivo, é importante escla-

---

[1] LOBATO, M. A Barca de Gleyre. In: *Obras completas*. São Paulo: Brasiliense, 1946. v. 11.

recer que, em cada capítulo deste volume, contamos com a participação ativa do leitor na construção de sua própria formação, pois não acreditamos que seja possível obter soluções sem árduo trabalho.

Quem é, então, nosso *leitor ideal*? É você, professor de Língua Portuguesa comprometido, interessado no futuro do aluno, amante de nossa língua pátria, que, às vezes, acorda com a sensação de que poderia desenvolver um trabalho ainda melhor. Dirigimo-nos ao professor que, confrontado com um estado de coisas que não lhe agrada, coloca ideias em ação e se envolve na construção de alternativas inéditas que levam o aluno a investir na palavra, a emocionar-se com um poema, a rir de um trocadilho inteligente, a refletir criativamente sobre a linguagem.

Não estamos de posse de nenhum segredo, de nenhum truque de mágica, mas, se você estiver disposto a somar seu esforço ao nosso, vislumbrará que não está sozinho. Enquanto você corrigia uma grande pilha de redações ou preparava suas aulas, pensamos em maneiras de transmitir algumas sugestões inspiradoras para sua prática, testando e aprimorando ideias e sugestões de atividades. Estudamos muito para que essa práxis fosse solidamente assentada em um aprofundamento conceitual que alavancasse algumas mudanças metodológicas necessárias.

Talvez você se pergunte de onde se origina a necessidade de mudanças. Nossa resposta a essa indagação segue duas fontes. Este volume, em certo sentido, foi inteiramente elaborado em torno de nossa crença de que é imperativo superar os cursos pautados por programas padronizados – despersonalizados e despersonalizantes, iguais para todo mundo, projetados com base em um ideal de aluno que não existe no mundo real. É apenas quando ousamos criar e sustentar um trabalho singular e adaptável às circunstâncias que podemos atingir um aluno de carne e osso, com dificuldades únicas e concretas.

A segunda fonte é o fato de as mudanças sociais do mundo contemporâneo gerarem um contexto de ensino e de aprendizagem que exige adaptações e reflexões, inexistentes em épocas passadas. Embora não sejamos agentes de tantas mudanças no mundo, não podemos permanecer acomodados e passivos.

Com base em crescentes problemas enfrentados por colegas de todas as regiões do país, constatamos que, hoje, já não basta ter experiência, é necessário aprender com suas lições a construir um futuro que, por enquanto, é pura promessa. O novo aluno e a nova escola são realidades inegáveis, por isso somos convocados a criar novas respostas, a partir para a ação. Acreditamos que os meios para o ensino da Língua Portuguesa devem ser pensados visando aos fins. Não existem atividades boas nem más, textos bons nem maus, mas modos mais ou menos adequados de atingir objetivos com determinado aluno.

Em cada capítulo, foi estabelecida a seguinte divisão:

- **Questão para reflexão:** A partir de uma peça escolhida para introduzir o assunto em pauta (poema, letra de canção, redação de aluno etc.), apresentamos uma questão que problematize um aspecto crucial do ensino da Língua Portuguesa. Aqui não se trata de identificar respostas certas ou erradas, mas de suspender certezas sobre determinado assunto e, eventualmente, considerar uma perspectiva diversa da habitual.
- **Estudando a teoria e os aspectos metodológicos:** Parte teórica, geralmente mais extensa que as demais, em que apresentamos recortes da teoria relacionada ao tema abordado. Usamos como critério a seleção de aspectos que possam somar-se melhor à experiência prática do professor visando a um trabalho mais satisfatório para ele e os alunos. Ressaltamos que as ideias apresentadas são de responsabilidade dos autores deste livro e não constituem uma tentativa de aplicação de qualquer teoria previamente elaborada.
- **Atividade inspiradora:** Atividade que inspire um trabalho adaptado à realidade da sala de aula. Incluímos nesta sessão dois tipos de atividade: a) idealizadas para fundamentar a reflexão, ou seja, dinâmicas, roteiros ou alguma estratégia que ajude a pensar sobre o cotidiano escolar de modo indireto; e b) exemplos de atividades que

possam ser aplicadas com os alunos em sala de aula para testar imediatamente os resultados, ou que sejam passíveis de adaptação, transformação, recriação etc.

- **Para ler mais sobre o tema:** Comentários breves sobre obras complementares às ideias desenvolvidas ao longo do capítulo, que sejam consultadas facilmente pelos interessados no assunto.

Para concluir, gostaríamos de retomar o excerto que escolhemos para a epígrafe. Em tempos que presenciamos, atônitos, tantas manifestações de ódio à exceção (intolerância religiosa, discriminação racial, imposição de um ideal de beleza etc.), aceitamos o desafio de escrever este volume, antes de tudo, pela possibilidade de colaborar com uma das manifestações que Lobato chama de "assalto da uniformização": a nivelação decrescente de nossos alunos, por critérios ditados pelo comodismo e pelo preconceito.

Boa leitura!

PARTE I
Ensinar Língua Portuguesa hoje para o aluno real

CAPÍTULO 1
Ensinando Língua Portuguesa no século XXI

Neste capítulo apresentaremos alguns elementos para uma reflexão sobre as mudanças sociais da contemporaneidade. Procuramos propor um desafio ao professor, para que reavalie a escola e seja protagonista de transformações.

Acreditamos que somente com uma avaliação dos alunos e de suas produções será possível reajustar os modos de atuação do professor de Língua Portuguesa ao mundo atual.

Questão para reflexão

Para iniciarmos a reflexão sobre o ensino da Língua Portuguesa em nossos dias, vamos observar o intrigante poema "Salmo perdido", de Dante Milano: "(...) O mundo não é mais a paisagem antiga,/ A paisagem sagrada./ Cidades vertiginosas, edifícios a pique,/ Torres, pontes, mastros, luzes, fios, apitos, sinais./ Sonhamos tanto que o mundo não nos reconhece mais,/ As aves, os montes, as nuvens não nos reconhecem mais,/ Deus não nos reconhece mais".

Nesse poema, publicado pela primeira vez em 1948, Dante Milano (1899-1991) criou um locutor que se refere, de modo bastante crítico, à mentalidade vigente em sua época. Com a repetição de palavras, frases curtas e truncadas por vírgulas, o poeta subverte o uso original de um salmo, ou seja, de ser expressão de louvor, e nos apresenta um lamento, uma denúncia sobre a tendência do ser humano de seguir o curso das transformações sem ter consciência de suas consequências.

O que podemos fazer quando as coisas "não nos reconhecem mais"? Ou desistimos delas, assumindo uma atitude de que perderam o sentido para nós, ou encontramos modos de lidar com elas com outro posicionamento. Essa situação gera um conflito que nos leva à reflexão:

> Há necessidade de uma reelaboração metodológico-conceitual que atinja o aluno contemporâneo com as aulas de Língua Portuguesa, ou seria melhor manter os métodos consagrados e insistir para que os jovens se adaptem a eles?

Apostamos na possibilidade de encontrarmos um novo modo de lidar com o mundo atual e participar ativamente da construção de nosso destino profissional.

Estudando a teoria e os aspectos metodológicos

Leia o registro de uma aula de Língua Portuguesa feito por uma das autoras deste livro durante seu estágio em 2003. O fato ocorreu em uma escola pública da cidade de São Paulo. Perceba os comentários da pesquisadora e a perplexidade de quem não tinha um olhar contaminado pela indiferença e pelo descrédito comuns nos dias de hoje.

Cada um faz o que quer

Neste dia, no 1º horário, observei uma "aula" surreal! Com o desenrolar da aula, fiquei pensando que o acompanhamento individual da escrita do alu-

CAPÍTULO 1 Ensinando Língua Portuguesa no Século XXI

no é importante, mas não do modo como estava sendo feito. Percebi dois problemas: 1) a professora corrigia somente a forma das redações (no caso, seguia-se o padrão "abaixo-assinado") e ignorava os aspectos ligados à Língua Portuguesa propriamente dita; 2) como não havia outra atividade preparada para o restante da sala, o acompanhamento individual acabou sendo prejudicial à classe.

A professora dirigiu uma única frase ao grupo durante os quarenta e cinco minutos que permaneceu na sala: *Pessoal, quem já tem o "abaixo-assinado" pronto, traz que eu vou dar visto* (sic). Os alunos levaram o texto até a professora, que os verificou protocolarmente. Enquanto isso, dois ou três grupinhos conversaram em voz baixa; um aluno paquerou e beijou o rosto de quase todas as meninas da sala; um casal ficou de rosto encostado na carteira, beijando-se e cochichando; outro aluno fazia ginástica no meio da sala, dançava capoeira, "plantava bananeira" etc.; uma aluna deitou a cabeça na carteira e dormiu durante a aula toda; algumas alunas olhavam silenciosamente o ambiente de bagunça e a indiferença da professora. Depois, olhavam para mim, parecendo constrangidas com a situação.

A professora continuava indiferente a tudo e, maquinalmente, vistava os cadernos dos alunos. Tocou o sinal, e acabou a "aula" de Língua Portuguesa.

O relato oferece subsídios para uma reflexão dos efeitos que as situações reais provocam nos alunos e exemplifica um modelo de aula que espelha a direção das relações na contemporaneidade: a desistência da responsabilidade. Sem uma direção da professora, os alunos ficam completamente ociosos e se sentem à vontade para fazer o que quiserem.

Se estivermos dispostos a criar um novo laço social com o aluno, não devemos, é claro, retomar um velho padrão de disciplina. Inspirados em Comte-Sponville, que diz que "o contrário de esperar é conhecer, agir, e amar", convidamos à ousadia de nos permitirmos o exercício da ação. Nossa aposta é de que essa ousadia gere um novo fazer em sala de aula.

Ser protagonista no mundo contemporâneo

Com a globalização, houve um afrouxamento das fronteiras geográficas e do senso de pertencimento. Alguns jovens hoje não se sentem mais parte de um grupo social claramente delineado e não se responsabilizam pela manutenção dos recursos de uso comum. Citemos, por exemplo, o caso dos telefones públicos. Muitos jovens que destroem os telefones públicos não pensam que estão prejudicando os próprios moradores, que muitas vezes dependem exclusivamente do bem público.

O Brasil adentrou o século XX sob um discurso de crescente industrialização. Pouco a pouco, houve um descrédito de ideais como Revolução, Democracia Plena e Ordem Social. O poder pátrio deixou de ser inquestionável, e abrimos mão da crença numa imagem de "pai ideal", que detém a chave do saber seguro e suficiente para nos guiar.

Se antes vivíamos em um sistema em que um único homem era preparado para pensar e decidir, e uma multidão de outros homens, mulheres e crianças era cuidadosamente treinada para obedecer sem questionar, hoje há um poder sem centro. Por isso, diz-se que o sujeito contemporâneo está "desbussolado" (Forbes, 2004).

Da sociedade assentada na produção e na máquina, derivou-se a centralidade do consumo e da informação. Atualmente grande parte de nossa organização social é dominada pela tecnociência (ciência + tecnologia) aplicada à informação e à comunicação. Nosso cotidiano passou a ser saturado de informações, diversões e serviços. Finalmente, no século XXI, a subordinação da ciência aos interesses do capital gerou a ilusão de que a tecnologia poderia solucionar todos os problemas humanos. A ilusão do pai ideal, portanto, foi substituída por outra ainda mais mirabolante: a falácia da tecnologia sem falhas.

Em nossa onipotência, parece-nos que a tecnologia nos permite ultrapassar as barreiras do corpo, incidindo sobre o tempo e o espaço. Com o acesso às mídias virtuais, lidamos mais com os signos do que com as coisas. Preferimos a imagem ao objeto, a cópia ao original, o simulacro ao real.

CAPÍTULO 1   Ensinando Língua Portuguesa no Século XXI

Fazemos parte de uma imensa rede de pessoas com as mais diversas características, interligadas em um ciberespaço, em um mundo em que, pela tecnologia, parecemos incrivelmente mais próximos uns dos outros quando, na verdade, não estamos.

Felizmente, algumas pessoas têm encontrado meios diferentes de se relacionar. Preservam as tradições locais, reúnem-se para encontrar soluções criativas para problemas específicos e acolhem as minorias (portadores de deficiências, minorias sexuais etc.). A contemporaneidade é o tempo e espaço dos contrastes e da tolerância. Provavelmente, nesse ponto da reflexão, você, professor, deve se perguntar de que modo as transformações sociais se refletem no ensino da Língua Portuguesa. Primeiro, é preciso compreender nosso jovem aluno, nascido em uma sociedade globalizada e informatizada.

O jovem aluno em transformação e sua relação com a linguagem

Como fazer o jovem se interessar pelas sutilezas da língua e da literatura? Ainda é possível apostar nas estratégias e nos métodos do passado? Que tipo de laço pode ser construído entre o professor e o jovem aluno, no mundo contemporâneo, onde os valores de autoridade já não residem nos pais e nos professores?

Para chegarmos às respostas a tantos questionamentos, é preciso compreender o período de transformações do jovem: a adolescência. O início da adolescência é marcado pela decepção de que os pais não são heróis, mas pessoas comuns, com conflitos, limites e desejos. No passado, essa decepção era demonstrada por meio de provocações, oposições e conflitos (Rassial, 1997).

Dizia-se que o adolescente era "rebelde", "revoltado" contra o *status quo*. Lembremos dos jovens franceses em 1968 e dos jovens brasileiros que arriscaram ou perderam a vida na luta contra a ditadura militar na década de 1970. Nota-se atualmente um número cada vez menor de manifestações contra o sistema vigente. Em 2005, por exemplo, enquanto os meios de comunicação divulgavam inúmeras denúncias sobre a corrupção em nosso país, não se viu nenhuma manifestação. Onde estavam os jovens? Nos estúdios de tatuagem e *piercing*, nos bailes *funk*, nas ruas, no portão da escola...

As ações mediadas pela palavra deixaram de ser predominantes e deram lugar às ações mediadas pelo movimento. Essa substituição pode adquirir uma coloração sombria se não encontrar canais adequados de expressão. Na própria sala de aula, o movimento se sobrepõe ao uso da palavra: os alunos levantam-se constantemente, correm pela sala, batem nos colegas.

É primordial investigar, dessa forma, a relação do jovem aluno com a palavra. Para o trabalho de pesquisa do professor de Língua Portuguesa, é importante pensar em questões que, uma vez respondidas, fornecerão indicações preciosas ao planejamento da ação didática: será que o aluno se arrepia ao ouvir e ler poesia? Ele chora no fim de narrativas tristes? Gargalha quando lê uma sátira? Ou seja, em que medida a palavra ainda é capaz de lhe tocar o corpo? O quanto ele é receptivo aos nossos esforços de transmitir-lhe o amor pela Língua Portuguesa? E, ainda, em que abrangência ele mantém essa capacidade de transgredir a linguagem, o que faz dos jovens criaturas tão enigmáticas e interessantes? Será que, em sua esperteza, o jovem ainda opera sobre sua língua materna, fazendo uso de um modo de expressão que lhe permite manter seus segredos?

Descobrimos, pelas respostas a essas questões, que a escrita elaborada não é um bem cultural para o jovem contemporâneo. A geração passada, no entanto, demonstrava um zelo e até um amor pela escrita[1]. Esmerava-se no caderno de caligrafia, para que a letra ficasse bonita. Hoje, infelizmente, o apuro e a precisão estão ultrapassados.

---

[1] Não nos referimos ao uso das expressões populares como falta de zelo à linguagem. Sabemos que a gíria, por exemplo, representa a expressão da criatividade do léxico e é característica da linguagem dos jovens, pela jocosidade e agilidade. Não vemos problema no uso da gíria, desde que o aluno tenha domínio também da norma padrão.

Nosso desafio maior, portanto, consiste em criar um modo de ensinar a Língua Portuguesa ao aluno que já não reconhece facilmente a utilidade do bom uso da linguagem. Não se trata, aqui, de estabelecer a norma padrão como uso correto da linguagem, mas de fazer o aluno ter uma elaboração mais trabalhada da Língua Portuguesa.

Os elementos complicadores, no entanto, residem na necessidade de um extenso trabalho para conhecer os diversos registros da linguagem e de avaliar seus efeitos e o enfrentamento com o aluno que deseja saber que prazer imediato ele pode obter dos conteúdos escolares e se pode ganhar algum dinheiro. Mas podemos apostar e investir no adolescente, potencializando o que ele tem de melhor, em vez de repetir o discurso social de que adolescência é tempo de crise e de aborrecimento. Assim, há de se buscar meios de ensinar que levem em conta as sensações que a linguagem provoca no aluno.

Por uma prática pedagógica inovadora, criativa e rigorosa

Mesmo desanimados pela apatia dos alunos em sala de aula, é necessário lembrar que nossa mediação didática precisa, mais do que nunca, ser inovadora, criativa e rigorosa e, portanto, teoricamente fundamentada.

Precisamos refletir sobre nossos modos de ação e suas consequências na esfera pedagógica. Na escola atual, um modelo é substituído por outro com pouca reflexão. Muitas vezes, até mesmo ações de bons resultados são substituídas. No mundo "desbussolado", é necessário manter uma vigilância dos resultados de nossos atos e não perder de vista os elementos importantes e indispensáveis ao ensino da Língua Portuguesa.

Devemos nos esforçar para depurar o que Benjamin (2002) chama de "verdade da experiência": a elaboração de uma experiência que emociona o indivíduo. Com a emoção, há a quebra do padrão anterior e se inicia uma nova série de experiências. No contexto escolar, a experiência pode levar à construção de um modo de ensino que permita ao aluno aumentar seu repertório de elementos linguísticos e culturais e aperfeiçoar a expressão oral, a leitura, a escrita e a capacidade de tomar a própria linguagem como objeto.

Acreditamos que a construção gradativa de uma prática desenvolvida na singularidade dos alunos e de suas produções nos levará a uma ação e um caminho seguros. Trata-se, portanto, de criar um trabalho original, visando a uma participação atuante do jovem na fala, leitura e escrita, na literatura e reflexão sobre a linguagem.

Atividade inspiradora

Corpo e língua

Na atividade a seguir, convocamos o aluno a refletir sobre a linguagem utilizada por seus pares no dia a dia.

Material: Caderno, lápis e borracha.
Passo a passo: Grupos de quatro alunos avaliam o seguinte diálogo.

PAQUERA NA ESCOLA
Rô: — Você acha o Tiago bonitinho?
Dê: — É...
Rô: — Você já ouviu falar que ele nunca beijou ninguém aqui da escola?
Dê: — É...
Rô: — Parece que ele é muito exigente...
Dê: — É...
Rô: — Será que eu teria chance com ele?
Dê: — É...
Rô: — Tipo assim, tô pensando em chegar nele, sábado, na festa do Rodrigo. Vou botar aquela minha blusa roxa, de alcinha. Você acha que é forçar a barra?
Dê: — É...

Os alunos devem ensaiar respostas que gerem diversos efeitos, como certeza, dúvida, ironia, susto, indignação. Espera-se que sejam usados recursos extralinguísticos, como entonação, gestos, expressões faciais etc., de modo que traga a dimensão corporal ao diálogo.

Para ler mais sobre o tema

BAUDRILLARD, Jean. *A transparência do mal:* ensaio sobre os fenômenos extremos. Trad. Estela dos Santos Abreu. 4. ed. São Paulo: Papirus, 1996. A obra é uma análise pioneira da sociedade contemporânea. Baudrillard equipara a pós-modernidade a um estado de "pós-orgia", sendo "orgia" o momento explosivo da modernidade, marcado por uma liberação em todos os domínios (das forças produtivas, das pulsões inconscientes, da arte etc.).

FORBES, Jorge. *Você quer o que deseja?* 4. ed. Rio de Janeiro: Best Seller, 2004. Com uma reflexão sobre o mundo em que vivemos e seus efeitos sobre a estruturação de nosso desejo, Forbes defende a necessidade de pensarmos sobre a questão da responsabilização do sujeito moderno por suas escolhas. Fala de poesia, psicanálise, música eletrônica, balé clássico e proporciona ao leitor um momento de alento e esperança diante do mundo globalizado.

GERALDI, Corinta Maria Grisolia; RIOLFI, Claudia Rosa; GARCIA, Maria de Fátima (orgs.). *Escola viva:* elementos para a construção de uma educação de qualidade social. Campinas: Mercado de Letras, 2004. Os autores abordam as novas teorias críticas e a contribuição histórica dos saberes produzidos por movimentos sociais e defendem a construção de uma escola acolhedora, progressista e forte na construção do novo. O livro é importante para os que buscam projetos inspirados em uma política de educação pública com qualidade social.

IANNI, Octavio. *Enigmas da modernidade* – Mundo. 3. ed. Rio de Janeiro: Civilização Brasileira, 2003. Apresenta um quadro dos impasses e dilemas da modernidade. Valendo-se de recursos teóricos das várias esferas do pensamento social, o autor adota o ponto de vista da totalidade, posicionando-se contra uma visão fragmentada e empobrecida do real. Com a leitura dessa obra, percorrem-se os processos que constituíram a sociedade contemporânea.

Referências bibliográficas

BAUDRILLARD, J. *A transparência do mal*: ensaio sobre os fenômenos extremos. Trad. Estela dos Santos Abreu. 4. ed. São Paulo: Papirus, 1996.

BENJAMIN, W. Experiência. In: *Reflexões sobre a criança, o brinquedo e a educação*. Trad. Marcus Vinícius Mazzari. São Paulo: Duas Cidades/Editora 34, 2002, p. 21-5.

COMTE-SPONVILLE, A. *A felicidade, desesperadamente*. Trad. Eduardo Brandão. São Paulo: Martins Fontes, 2001.

FORBES, J. *Você quer o que deseja?* 4. ed. Rio de Janeiro: Best Seller, 2004.

_____. A psicanálise do homem desbussolado – As reações ao futuro e o seu tratamento. In: IV CONGRESSO DA ASSOCIAÇÃO MUNDIAL DE PSICANÁLISE, 4 ago. 2004. Disponível em http://www.jorgeforbes.com.br/br/contents.asp?s=23&i=72. Acesso em: 28 nov. 2005.

GERALDI, C. M. G.; RIOLFI, C. R.; GARCIA, M. de F. (orgs.). *Escola viva*: elementos para a construção de uma educação de qualidade social. Campinas: Mercado de Letras, 2004.

IANNI, O. *Enigmas da modernidade* – Mundo. 3. ed. Rio de Janeiro: Civilização Brasileira, 2003.

MILANO, D. Salmo perdido. In: *Poesias*. Petrópolis: Firmo, 1994. p. 89.

PENNAC, D. *Como um romance*. Trad. Leny Werneck. Rio de Janeiro: Rocco, 1995.

RASSIAL, J.-J. *A passagem adolescente*: da família ao laço social. Trad. Francine Amina Hortense Roche. Porto Alegre: Artes e Ofícios, 1997.

CAPÍTULO 2
Um ponto de partida para a organização do cotidiano escolar

Em nosso cotidiano, dificilmente temos tempo para fazer uma pausa e refletir sobre o que, de fato, sabemos do cotidiano escolar e de seus principais protagonistas: os alunos. Se partirmos do pressuposto de que todo ser humano tem dificuldade de apreender a realidade imediata apenas confiando na percepção sensorial, somos forçados a reconhecer que nós, professores, nos encontramos em impasses variados quando temos de constatar o nível de conhecimento linguístico de nossos alunos, em especial se levarmos em conta a apatia deles.

Muitas vezes somos levados a trabalhar com um modelo de aluno concebido pelos profissionais responsáveis pela criação de currículos e materiais didáticos para o ensino de Língua Portuguesa[1]. À primeira vista, pode parecer uma solução adequada àqueles que se sentem mais confortáveis em uma realidade que desconsidera o aluno com suas virtudes e dificuldades, estabelecendo-se, assim, um

---

[1] Um exemplo disso é o fato de que se torna uma prática comum a compra, por parte de algumas prefeituras, de programas prontos e apostilados para uso nas escolas, desde o 1º ano do ciclo I até o final do ciclo II, 9º ano. Pelo caráter de produto feito em série, como numa indústria, esses programas são aplicados indiscriminadamente, incidindo em diferentes realidades.

fosso intransponível entre as gerações, o que impossibilita a concretização do ato educacional.

Questão para reflexão

> Será que apreendemos nossos alunos em sua complexidade ou nos deixamos levar por ilusões, preconceitos e modelos preestabelecidos?

Estudando a teoria e os aspectos metodológicos

O ensino de Língua Portuguesa que se condiciona a um simulacro de aluno como parâmetro não consegue alcançar as realidades linguísticas concretas, uma vez que os conteúdos, os métodos e as estratégias são criados com base em uma falsa realidade.

Se desejarmos, genuinamente, cumprir o papel de mediadores entre o aluno e o imenso cabedal de recursos linguísticos disponível aos que se propõem a estudar o sistema linguístico com afinco, devemos nos responsabilizar por criar uma organização do cotidiano escolar a partir de informações mais precisas, consistentes e, na medida do possível, individualizadas. Quando considerarmos nossos alunos individualmente, poderemos lhes proporcionar, dentro dos limites que a instituição nos impõe e para além das aparências, uma transformação subjetiva e torná-los mais capacitados a usar e analisar a Língua Portuguesa.

Compreendemos o professor, portanto, como um profissional capaz de construir estratégias de ação com base em seus próprios estudos, e não em modelos estanques, fornecidos por estatísticas. Queremos ir além das médias, visto que balizar os trabalhos pela média exclui os alunos que se encontram nos dois extremos: os muito bons – cujo talento permanece inexplorado – e os muito ruins, privados da chance de superar dificuldades, que permanecem invisíveis.

CAPÍTULO 2   Um Ponto de Partida para a Organização do Cotidiano Escolar

Se afirmamos que jamais saberemos toda a verdade sobre nossos alunos e declinamos do falacioso conforto de idealizar nossa prática pedagógica com base no construto de um "aluno médio", como poderemos balizar, ao menos minimamente, nossa conduta em sala de aula?

Defendemos aqui a necessidade de inventarmos um conjunto de dispositivos técnico-metodológicos para, por assim dizer, mapearmos o estado atual da construção do conhecimento de cada um de nossos alunos e criarmos um "diagnóstico".

Compreendendo o conceito de diagnóstico

Como partimos do pressuposto de que as habilidades linguísticas de cada aluno dependem de uma observação mais extensiva em seus diversos componentes, vamos fazer um diagnóstico, como o médico que busca a natureza e a causa dos males de seu paciente. Assim como o médico não se guia por suas opiniões pessoais, gostos e preconceitos para nortear a direção do tratamento dos pacientes, o professor não pode guiar-se exclusivamente pela percepção sensorial.

O professor precisa, como profissional da educação, criar dispositivos com fundamentação teórica para que consiga vislumbrar, para além das aparências, a assimilação, as falhas, os pontos que precisam de reforço etc. Ele saberá transformar suas experiências em meio eficiente de diagnóstico linguístico, que norteará as estratégias de ação para um bom trabalho. Isso não quer dizer que vamos trabalhar com um aluno ideal, sem problemas de aprendizagem, de sociabilidade ou familiares. Ao contrário, nosso ideal é que a docência se realize em um espaço real, onde esses conflitos existem e sempre existirão.

Nosso propósito é que o professor perceba, por meio do diagnóstico, as dificuldades de cada aluno e que o cotidiano escolar seja organizado com base na análise da produção do aluno na prática oral, leitura, escrita, reflexão sobre a língua e fruição do texto literário. Não se trata, entretanto, de abandonar a programação curricular, mas, antes, de adequar a metodologia de trabalho dos diversos assuntos com base na singularidade de cada aluno. O diagnóstico configura-se em ações do professor antes, durante e após o contato direto com as produções dos alunos. É preciso, inicialmente, esclarecer ao aluno que a avaliação não será um juízo de valor. Elaborar um plano de trabalho é diferente de rotular alguém como "fraco", "médio" ou "forte", pois todos podem evoluir.

É preciso ter sensibilidade e não recorrer a caminhos aparentemente fáceis. A aplicação de um questionário, do tipo "prova", por exemplo, com certeza deixaria os alunos assustados, amedrontados, irritados ou apáticos. Se for o primeiro dia de aula, a situação se agrava ainda mais, pois o professor terá, mediante as respostas dos alunos, uma percepção equivocada da turma.

Aprendendo com a experiência de nossos colegas

Pensemos nos alunos do 6º ano. Como sabemos, o primeiro dia de aula de uma turma do 6º ano é delicado; em especial, para os novos alunos da escola. As crianças terão outra dinâmica de aula, com um professor para cada disciplina e em muitos casos estudarão em horário diferente do que estavam acostumadas. Como estão em um ambiente de novidades, o professor não conhece o aluno que está recebendo e não sabe o quanto ele já aprendeu de sua disciplina.

Para compreendermos melhor a proposta de diagnóstico, vamos utilizar uma atividade denominada "Personalização do caderno". Ministrada no início do ano de 2006 por uma professora de História, pode nos indicar um caminho em nossa disciplina.

A professora pediu que os alunos providenciassem os seguintes materiais: caderno, tesoura, cola, papel espelho da cor preferida, meio metro de papel *contact* transparente e revistas de variedades. Na aula, ela pediu que refletissem sobre o objeto de estudo da História, bem como sobre sua importância, e que recortassem, das revistas, figuras que se relacionassem às possíveis respostas à reflexão. Estas deveriam ser coladas na capa do caderno e protegidas com o *contact*. Finalmente, solicitou que os alunos fizessem a seguinte lição de casa:

CAPÍTULO 2 Um Ponto de Partida para a Organização do Cotidiano Escolar

escrevessem, na primeira página do caderno, os motivos que os levaram ao modo como compuseram a capa do caderno.

Observe o que escreveu Laura Riolfi Barzotto em sua primeira lição de casa realizada na 5ª série (atual 6º ano).

1	Resolvi colocar na capa do meu
2	caderno as figuras mais marcantes da história
3	da humanidade que encontrei nas revistas.
4	Comecei por um pouco da pré-história:
5	a evolução dos humanos. Coloquei também
6	uma parte da "pré-história" do Brasil: uma
7	indígena. Não escolhi qualquer uma. A
8	figura que enfeita minha capa tem um
9	crachá. Muito provavelmente, ela estaria
10	indo a um congresso. Isto é legal, porque
11	mostra que há gente que respeita os
12	índios.
13	Alexandre o Grande foi um grande
14	conquistador. Ele fez suas conquistas
15	quando ele era um "simples" adolescente,
16	e então eu pensei: "vou ser
17	como ele, fazer grandes conquistas desde
18	cedo". Mas não é só por isso! Ele ficou
19	famoso na história, então, tem a ver
20	com a história do mundo.
21	Coloquei também um negro: o
22	Zumbi dos Palmares, um famoso
23	quilombola que, pelo que sei, morreu
24	lutando pelos negros. Considero isso um
25	grande fato da história.
26	Já o Hitler e a saudação nazista
27	é para lembrar que nem tudo foi bom
28	na história. Por exemplo, neste período
29	morreram muitos judeus
30	injustamente.

Vamos nos ater, por enquanto, às informações que a professora de História reuniu sobre a aluna ao corrigir a lição de casa. Será que ela entendeu as duas instruções da professora para a tarefa? Percebemos que, desafiada a personalizar seu caderno, a aluna apresentou um conjunto que demonstrou seus conhecimentos e sua visão da História.

Na primeira frase, a aluna informa à professora que, em sua visão, a História é marcada por pessoas que, nas mais variadas épocas, se destacam e influenciam um povo, uma nação, o pensamento ou o comportamento humanos. Além disso, compreende a importância da evolução da História, ao incluir, no início de seu trabalho, figuras que pertencem à pré-História.

Como usou a cronologia como critério de seleção das figuras, demonstra saber que a História evolui ao longo do tempo. Há um critério especial também na escolha das imagens, pois não se limita a incluir qualquer imagem de indígena, por exemplo. Ela selecionou a imagem de uma indígena usando um crachá, demonstrando conhecimento sobre estudo das relações sociais e das minorias. Ao afirmar que, no Brasil, "há gente que respeita os índios", a aluna denuncia que existe discriminação contra os povos indígenas.

A aluna também indicou que conhece a formação do povo brasileiro com a seleção da personagem Zumbi dos Palmares. Além disso, demonstra que conhece a importância do negro na formação do Brasil e sua luta no período escravagista em nosso país. Pode-se ver, claramente, uma linha condutora: os fatos mais relevantes relacionam-se ao sofrimento e à luta de alguns grupos, nesse caso, indígenas, negros e judeus. A professora poderia inferir, pela escolha de uma foto de Hitler e seus seguidores, que a aluna reconhece o fato de que um indivíduo marca a História com a conivência de seu povo. Ela narra, ainda, sua identificação com Alexandre, o Grande ("vou ser como ele, fazer grandes conquistas desde cedo") e, com isso, que personagens da História podem servir de fonte de inspiração e força. Pela seleção das imagens, a professora percebe que a aluna já tem em mente o objeto de estudo da História e sua importância.

CAPÍTULO 2 Um Ponto de Partida para a Organização do Cotidiano Escolar

A professora conseguiu de um modo sutil avaliar os alunos com um trabalho criativo e significativo, que forneceu informações importantes ao planejamento da disciplina.

O diagnóstico em Língua Portuguesa

Não seria interessante analisar os conhecimentos linguísticos da aluna ao ingressar no 6º ano, utilizando-se o texto produzido para a aula de História? De pronto, deveremos avaliar as escolhas lexicais, gramaticais e discursivas feitas pela aluna.

Devemos partir do pressuposto de que não podemos nos limitar à verificação do entendimento da atividade por parte da aluna nem à correção dos possíveis erros gramaticais. É preciso observar também o que a aluna já sabe sobre a linguagem e o modo como mobiliza seus constituintes.

Usamos como paradigma de observação do desempenho da aluna um programa representativo da rede pública de ensino da cidade de São Paulo. Assim, temos:

> Comunicação e Expressão: emissor, receptor, mensagem e código; língua oral e língua escrita; frase e tipos de frases; pontuação: ponto final, de interrogação, de exclamação, dois pontos, travessão, vírgulas e reticências; classes gramaticais: artigo, substantivo (gênero, número e grau), adjetivo (gênero, número e grau), numeral, pronome, verbo, advérbio, preposição, interjeição; sintaxe: frase, período e oração; noção de sujeito e predicado; sílaba: tonicidade, separação, fonema e letra; ortografia: (z, s, x); (c, ç, ss, sc, sc, xc, xs); (o, u, l); (g, j); (x, ch); (e, i); (k, w, y); (h); a técnica da descrição; a coerência e a coesão textuais.

Se o programa de Língua Portuguesa da turma na qual a aluna ingressou fosse esse, até que ponto seu texto revela o domínio das habilidades desenvolvidas no programa? Observamos que a aluna tem uma boa noção desses itens. Vamos apenas indicar alguns pontos, sem empreender uma análise exaustiva:

> **Ortografia:** Há apenas um erro ortográfico (índigena), o que dispensa a aluna de um estudo prolongado dessa parte do programa.
> **Diferenças entre língua oral e língua escrita:** Ela sabe que a escrita não é mera transcrição da fala. Há uma introdução do texto (linhas 1 a 3) e as retomadas temáticas, digressões etc. são estruturadas, diferentemente do que ocorre na fala espontânea.
> **Frases e tipos de frases:** Compreende a noção de frase, uma vez que respeita o sistema da língua para compor os enunciados.
> **Pontuação:** Salvo poucos deslizes em relação ao uso de vírgulas, plenamente aceitáveis no estágio da aluna (como, por exemplo, "o Grande", na linha 13, e a interpolada, na linha 23), o texto apresenta grande precisão. O professor poderia, ainda, supor que a menina cria efeitos de expressividade pela pontuação, como o uso das aspas na palavra "simples" (linha 15), para dizer que um adolescente não deve ser menosprezado.
> **Sintaxe:** Não há erros de concordância nominal nem verbal, ou inversão da ordem sujeito-verbo-objeto, sem indicação por meio de uma pontuação adequada. Não se limita a justapor orações coordenadas e, diferentemente de muitos alunos de sua faixa etária, usa as subordinadas de maneira apropriada (como o uso da adjetiva restritiva "que encontrei nas revistas", na linha 3).
> **Coesão:** O texto é coeso, e são utilizados recursos expressivos no plano da sintaxe e nas escolhas lexicais. Tem amplo repertório de conectivos e das relações de referência estabelecidas por meio de anáforas (como no uso de "porque" na linha 10, ou de "quando" na linha 15).
> **Coerência:** Mantém uma sequência lógica e coerente, em que as informações são apresentadas uma a uma, sem retomadas ou quebras discursivas. Trata-se de um relato em que as ações são descritas e justificadas. Percebe-se que a coerência no texto se estabelece por fatores linguísticos, como uso correto de conectores, permitindo

CAPÍTULO 2   Um Ponto de Partida para a Organização do Cotidiano Escolar

> atos de referência e estabelecimento de uma sintaxe precisa e uma progressão organizada dos elementos descritos. Há outros elementos que estabelecem a coerência, como os conhecimentos sobre História; inferências como, por exemplo, a discriminação contra indígenas; a informatividade, ao relatar que Alexandre, o Grande, fez suas conquistas quando ainda era adolescente; a consistência, uma vez que não apresenta contradições nem imprecisões em suas informações ou nos usos lexicais, gramaticais e discursivos.

O programa que estabelecemos como parâmetro parece ter sido assimilado em grande parte pela aluna. No entanto, uma amostra mais sistematizada pode nos ser útil para o desenvolvimento de pontos passíveis de melhora. Seria importante criar um dispositivo (Tabela 2.1) que concentrasse o maior número de informações possível, em um espaço bastante otimizado, para maior versatilidade. O objetivo seria estabelecer um plano físico, um conjunto de informações a respeito dos conhecimentos linguísticos que a aluna precisaria trabalhar mais nos diversos tópicos da língua.

Tabela 2.1 – Modelo de grade para análise formal de textos

	PROBLEMAS DE ORDEM LINGUÍSTICA				PROBLEMAS DE ORDEM TEXTUAL	
Linha	Ortográfico	Morfológico	Lexical	Sintático	Coesão	Coerência
Texto do aluno						
linha 1						
linha 2						
linha 3						
linha 4						
linha 5						
linha N						

Uma das vantagens de utilizar esse modelo é a possibilidade de sistematizar os pontos positivos da produção escrita do aluno. Por exemplo, no item *coerência*, podemos verificar, no texto da aluna, que o diagnóstico aponta para a perspectiva de um texto mais autônomo, uma vez que ela mobiliza seus conhecimentos de mundo, faz inferências e posiciona-se diante dos fatos apresentados para construir sua linha argumentativa. Nesse caso, o professor poderia buscar uma potencialização desse saber, elaborando e propondo atividades que explorem mais a argumentação, como a produção de textos a partir de uma contraposição de opiniões sobre um tema relevante. Ou, ainda, no item *sintaxe*, podem ser realizadas atividades que explorem o uso de uma sintaxe mais elaborada, com orações interpoladas, provocando o maior uso das relações de subordinação.

Desse modo, esse modelo de dispositivo diagnóstico, como tantos outros, não se limita a verificar as lacunas no aprendizado do aluno de Língua Portuguesa, mas sobretudo seu conhecimento. O dispositivo permite ao professor uma análise formal detalhada do texto do aluno, que servirá de ponto de partida seguro para a organização de seu cotidiano escolar. Todas as informações são registradas em um mesmo espaço gráfico, permitindo uma rápida visualização e um acompanhamento longitudinal da produção do aluno no ano letivo.

As limitações dos dispositivos diagnósticos

Ao defendermos que o diagnóstico seja o centro da organização do cotidiano escolar do professor, não estamos considerando que seja possível conduzir um processo isento de falhas, nem que este seja a solução dos males que angustiam o professor, mas que o procedimento consiste em uma opção adequada àquele que pretende maior precisão em seu trabalho.

Como limitação principal, não se pode deixar de apontar que cada grade tratará de alguns aspectos da linguagem em detrimento de outros e, por isso, será necessária a elaboração de novos dispositivos quando se desejar tratar de outros aspectos.

CAPÍTULO 2   Um Ponto de Partida para a Organização do Cotidiano Escolar

A organização do cotidiano escolar será pautada pelas informações provisórias que o diagnóstico fornece, indicando caminhos para um trabalho mais ajustado à realidade linguística apresentada pelos alunos.

Diferenciando-se de modelos que idealizam os conhecimentos linguísticos dos alunos, os dispositivos permitem uma aproximação mais realista dos conhecimentos linguísticos dos alunos em determinado ponto do percurso escolar, mas exigem trabalho permanente e rigoroso.

Atividade inspiradora

Jogo do detetive

Objetivos

Investigar a familiaridade do aluno com a estrutura canônica de textos narrativos; avaliar a capacidade de formular frases interrogativas e de distinguir entre língua oral e língua escrita.

Instruções

1. Um aluno se candidata a detetive. O professor diz que a turma pactuará uma história policial envolvendo um crime, que o detetive terá de desvendar. O detetive aguarda do lado de fora da sala.
2. Recomenda-se que ele pense em boas perguntas, pois a turma só poderá responder "sim" ou "não" às perguntas dele.
3. Enquanto o detetive estiver fora, o professor esclarece aos alunos que permaneceram na sala que eles não inventarão uma história. É o detetive quem criará a história. Os alunos vão simular que o detetive está descobrindo um crime, que na verdade ele inventará.
4. Para guiar as respostas da turma, é adotado o seguinte critério: responder com "sim" a toda pergunta que termina com

vogal, e responder com "não" a toda pergunta que termina com consoante.
5. O detetive retorna à sala e inicia o interrogatório.
6. Ao final, o detetive narrará a história à turma.
7. Dois alunos da sala são escolhidos para registrar a história criada pelo detetive.

No transcorrer da atividade, o professor poderá pontuar a pertinência dos tipos de perguntas. Da mesma forma, deverá registrar se os alunos distinguem bem quando a palavra termina em consoante ou vogal, em palavras do tipo: come*r* ou gosta*m*, que podem ser compreendidas como com*ê* e gost*a*.

Para ler mais sobre o tema

BRITTO, Luiz Percival. *Contra o consenso:* cultura escrita, educação e participação. São Paulo: Mercado de Letras, 2003. Nessa obra, o autor defende que o ensino de Língua Portuguesa deve pautar-se por uma ação não alienante, levando em consideração que a linguagem faz parte de um conjunto de práticas sociais. Aborda questões relativas à norma culta, variedades linguísticas e redação escolar entre outros temas, em uma perspectiva de educação compreendida como elemento desencadeador de transformações sociais.

FÁVERO, Leonor Lopes; ANDRADE, Maria Lucia Cunha Victório de Oliveira. *Oralidade e escrita*: perspectiva para o ensino de língua materna. São Paulo: Cortez, 2003. Com o objetivo de apresentar as especificidades da oralidade e da escrita, as autoras tomam como base exemplos de interações linguageiras ocorridas em sala de aula, oferecendo sugestões para a valorização do aluno a partir de sua produção escrita. Proporcionam ao leitor um ponto de partida para a reflexão sobre o assunto e suas possíveis aplicações no ensino da língua materna.

CAPÍTULO 2 Um Ponto de Partida para a Organização do Cotidiano Escolar

SEMEGHINI-SIQUEIRA, Idméa. Avaliação diagnóstica da capacidade de uso da língua materna pelo aluno de 1º grau e a formação do professor. In: *Anais*. I Congresso de Ciências da Educação. Araraquara. São Paulo: Unesp/USP, 1997. Desenvolve uma reflexão acerca do processo de elaboração de um instrumento para viabilizar a avaliação diagnóstica da produção escrita do aluno a partir da 3ª série (atual 4º ano) do Ensino Fundamental. A autora defende que é possível caracterizar o estágio de desempenho linguístico do aluno. Esse trabalho pode instigar o professor a estabelecer parâmetros confiáveis de avaliação do avanço linguístico do aluno real.

Referências bibliográficas

BRITTO, L. P. *Contra o consenso*: cultura escrita, educação e participação. Campinas, São Paulo: Mercado de Letras, 2003.

FÁVERO, L. L.; ANDRADE, M. L. da C. V. de O. *Oralidade e escrita*: perspectiva para o ensino de língua materna. São Paulo: Cortez, 2003.

SEMEGHINI-SIQUEIRA, I. Avaliação diagnóstica da capacidade de uso da língua materna pelo aluno de 1º grau e a formação do professor. In: *Anais*. I Congresso de Ciências da Educação. Araraquara. São Paulo: Unesp/USP, 1997.

CAPÍTULO 3
O objeto de análise das aulas de Língua Portuguesa

Questão para reflexão

Veja o diálogo a seguir, extraído de uma cena real:

> Mãe (39 anos) e filha (9 anos) estão circulando no condomínio onde moram e leem o seguinte cartaz:
>
> **COMPAREÇAM À ASSEMBLEIA ORDINÁRIA**
>
> A menina pergunta à mãe:
> — Este é o nome da assembleia ou estão xingando ela?
> A mãe esclarece o significado da expressão "Assembleia ordinária". A menina, com cara de sapeca, emenda:
> — Ia ficar bem engraçado se a gente pusesse uma vírgula logo depois de "Assembleia", não é mãe?

Com certeza, você se deu conta de que a curiosidade da menina incide sobre a construção do texto, realizando duas operações: 1) uma pergunta retórica e irônica sobre o nome da assembleia; e 2) a transformação do qualificador em vocativo. Ela faz da língua um brinquedo. Considerando esse ato espontaneamente realizado pela criança, perguntamos:

> Durante a aula de Língua Portuguesa, o que pode ser feito para despertar (ou manter vivo) o interesse de tomar a língua materna como objeto e criar?

Estudando a teoria e os aspectos metodológicos

Quando se pergunta, mesmo para crianças, qual o objeto de estudo da Matemática, da História ou da Biologia, não pairam dúvidas na construção de uma resposta. Curiosamente, a dúvida surge quando se questiona sobre o objeto de estudo da Língua Portuguesa. Talvez a dúvida esteja no fato de que, com os avanços da Linguística, que relativizou as noções de "certo" e "errado", a concepção de aula de Língua Portuguesa que ensina a falar corretamente desapareceu, sem que, no entanto, outra concepção tenha sido construída.

Lembremos, brevemente, as bases do conceito de linguagem utilizado ao longo deste volume. De 1907 a 1911, Ferdinand de Saussure assentou os fundamentos da Linguística moderna. Combatendo a visão leiga, ele substituiu o conceito de palavra pelo de "signo linguístico", composto por uma imagem acústica (significante) e um conceito (significado). Segundo Saussure, a linguagem é um sistema cujo funcionamento é análogo ao jogo de xadrez, em que os significantes (as peças) não valem por si, mas adquirem valor linguístico por sua relação com as demais palavras de um segmento.

Na esteira dos estudos de Saussure, o linguista Roman Jakobson, junto com os funcionalistas, pesquisou as funções desempenhadas pelos elementos, classes e mecanismos universais do funcionamento

CAPÍTULO 3 O Objeto de Análise das Aulas de Língua Portuguesa

da linguagem. Interessa-nos mais de perto a colaboração de Jakobson no que tange a descrição das leis da linguagem: a) a metonímia: a função propriamente significante, conexão palavra por palavra; e b) a metáfora: substituição de um significante por outro, que toma seu lugar na cadeia sintagmática.

Na década de 1960, surge a Semântica Argumentativa e, a partir do trabalho de Benveniste e de Ducrot (entre outros), ocorrem dois deslocamentos fundamentais: 1) o desaparecimento da crença em um sentido literal e a introdução da reflexão sobre o sujeito falante; 2) o estabelecimento da distinção entre enunciado (atemporal e independente de sua atualização efetiva) e enunciação (referindo-se ao evento histórico do aparecimento de um enunciado).

A partir da década de 1970, há a radicalização da crença na necessidade da descrição das materialidades discursivas para se fazer a interpretação. Surge a Análise do Discurso, por meio da qual reconhecemos a necessidade de partirmos da materialidade da língua para chegarmos à teorização sobre o sentido. A crença na transparência da linguagem está definitivamente quebrada.

Defendemos a tese de que o estudo dos diversos modos de funcionamento de nossa língua para a produção de efeitos de sentido deve consistir no objeto da aula de Língua Portuguesa, o que não se tem visto com muita frequência. Os professores, ofuscados pelas novas tecnologias, opiniões de cunho pessoal, pelos preconceitos generalizados ou pelo descrédito acerca do ensino da língua padrão, têm demonstrado algum embaraço em ensinar que é possível tomar a linguagem como objeto de análise.

Observemos uma simulação de exercício de leitura e interpretação de textos, comumente encontrado nos livros didáticos. A fábula reproduzida a seguir é de La Fontaine.

O lobo e o cordeiro

1   O cordeiro estava bebendo água num córrego, quando apareceu um lobo com fome, e de aparência muito feia.

2   O lobo, nervoso, disse: — Que desaforo é esse sujar a água que vou beber?
3   — Ah! Vou castigar você por isso!
4   O cordeiro, tremendo de medo, respondeu com inocência:
5   — Como posso sujar a água que o senhor vai beber se ela corre do senhor para mim?
6   — Além disso — disse o lobo — sei que andou falando mal de mim o ano passado.
7   O cordeiro respondeu: — Como poderia falar mal do senhor o ano passado, se nasci este ano?
8   Confundido pela voz da inocência, o lobo insistiu:
9   — Se não foi você, foi seu irmão mais velho, o que dá no mesmo.
10 O cordeiro disse: — Como poderia ser o meu irmão mais velho, se sou filho único?
11 O lobo ficou muito nervoso e disse:
12 — Se não foi seu irmão, foi seu pai ou seu avô! — E — nho-que! — matou o cordeiro.

Questionário:

1. Quem são as personagens da fábula?
2. Onde acontece a história?
3. Quando o lobo encontra o cordeiro bebendo água, o que diz a ele?
4. O que respondeu o cordeiro ao lobo?

Em exercícios como esse, a tarefa do professor de Língua Portuguesa se limita a verificar se o aluno é capaz de recuperar os conteúdos explícitos no texto, sem que recorra à sua materialidade linguístico-discursiva. Que benefício ele traria aos alunos que dominam o aspecto de decodificação presente na leitura?

CAPÍTULO 3 O Objeto de Análise das Aulas de Língua Portuguesa

Uma abordagem diferente poderia acrescentar elementos importantes para o repertório do aluno. Por exemplo, na linha 4, lê-se que o cordeiro "respondeu com inocência" ao lobo. Explorar a ambiguidade dessa afirmação parece-nos um bom começo. O professor poderia solicitar aos alunos que decidissem pela pertinência das seguintes asserções: a) o cordeiro era ou não culpado pela acusação feita pelo lobo? b) o cordeiro era ingênuo e estúpido? ou, ainda, c) o cordeiro, que não era culpado pela acusação feita pelo lobo, era ingênuo e estúpido?

Não são perguntas óbvias, pois pressupõem a recuperação de alguns índices do texto. Na linha 8, temos: o lobo "confundido pela voz da inocência", o que nos leva a concluir a improcedência de sua acusação. Paralelamente, no desfecho da história, a afirmação de que o lobo "matou o cordeiro" (linha 12) nos mostra que o cordeiro errou redondamente na avaliação do poder de sua argumentação, logo, foi bastante ingênuo quando não optou, por exemplo, por fugir do lobo. Parece-nos que trabalhar com o aluno para ele perceber que a hipótese "c" é bastante razoável exige atenção nos modos de construção do texto, atividade que geralmente não é proposta nos exercícios dos livros didáticos.

Para melhor explicar a diferença entre uma posição e outra com relação à abordagem dos fatos linguísticos, vejamos a comparação entre dois enunciados das ciências biológicas:

> **LOCUTOR 1:** Eu adoro água bebida diretamente na fonte.
> **LOCUTOR 2:** Nesta água, cuja composição química deveria ser H_2O, encontrei também 10% de coliformes fecais, o que desaconselha o uso para fins culinários.

Se no primeiro enunciado sabemos o gosto particular da água para o locutor, no segundo, o objeto de análise específico do locutor é a composição estrutural da água, bem como seus possíveis efeitos para a saúde. No primeiro caso, faltam-nos elementos para decidir sobre a pertinência do gosto do locutor; no segundo, o fato de sabermos sobre a composição da água nos indica uma direção a ser tomada.

Se partirmos do pressuposto de que o falante deve tomar muitas decisões no que se refere aos modos de estruturar suas produções orais e escritas, uma parte importantíssima da tarefa do professor de Língua Portuguesa é ensinar o aluno a fazer explorações rigorosas nas peças estudadas. Nós, professores de Língua Portuguesa, devemos organizar nosso cotidiano de modo que seja um espaço onde se aprendem os efeitos de sentido das materialidades linguístico-discursivas.

Sempre soubemos disso? Não. Foi necessário que a ciência linguística sofresse um longo processo de depuração para chegarmos ao estado atual de conhecimento sobre a linguagem, sobre o qual passamos a discorrer no próximo tópico.

A natureza singular da linguagem

Vejamos algumas características da linguagem:

1. *Fornecer ao homem uma instância criadora*: trata-se da possibilidade de gerar mundos inexistentes. Quando sonhamos acordados, por exemplo, podemos dar contornos às coisas antes mesmo de elas existirem.
2. *Ofertar a possibilidade de exercer a nomeação*: é a possibilidade de nomear o que inventamos ou não compreendíamos.
3. *Ofertar a possibilidade do jogo de palavras*: pode-se brincar com as palavras, pelo caráter polissêmico da linguagem.
4. *Tornar possível o conhecimento de regras utilizadas por uma comunidade linguística*: a linguagem é objeto de pesquisa, a exemplo do que fazem os estudiosos da linguagem que "se divertem", por exemplo, fazendo perguntas aparentemente absurdas sobre as produções da linguagem corrente. Vejamos um exemplo: por que quando se diz "Ela é uma puta médica", faz-se um elogio e quando se diz "Ela é uma mé-

CAPÍTULO 3 O Objeto de Análise das Aulas de Língua Portuguesa

dica puta", faz-se um insulto se, nos dois casos, as palavras são as mesmas.
5. *Organizar nosso mundo e nossas relações sociais*: regula nossos modos de comportamento com nossos semelhantes.
6. *Elaborar conceitos*: inventa uma instância que, ao mesmo tempo, une e separa o ser humano das coisas. Ela o separa dos objetos porque o torna dependente de um conceito para apreendê-lo e liga-o a eles porque fornece um aparelho pelo qual se pode manter o contato com a realidade.
7. *Realizar trocas verbais socialmente organizadas*: os sujeitos falantes usam um repertório comum ao se relacionarem.
8. *Reconhecer "sua tribo"*: como falante de uma língua materna, podemos perceber que cada grupo social se expressa em consonância com suas próprias regras de funcionamento.

Trabalharemos a seguir com um exemplo de análise que demanda pouquíssimos recursos materiais, uma vez que seu ponto de partida é o próprio texto produzido pelos alunos.

Explorando a produção do aluno

Utilizaremos um fragmento do texto da aluna Laura, analisado no Capítulo 2:

Vamos analisar as linhas 10 a 12. A partir desse ponto, é possível inferir uma denúncia feita de modo implícito pela aluna: no Brasil, muitas pessoas não respeitam os índios.

```
5   (...) Coloquei também
6   uma parte da "pré-história" do Brasil: uma
7   indígena. Não escolhi qualquer uma. A
8   figura que enfeita minha capa tem um
```

> | 9 | crachá. Muito provavelmente, ela estaria
> | 10 | indo a um congresso. Isto é legal, porque
> | 11 | mostra que há gente que respeita os
> | 12 | índios. (...)

Como um professor de Língua Portuguesa pode utilizar esse enunciado quanto à estrutura e aos modos de funcionamento da linguagem, para ampliar o repertório dos alunos? Vejamos um exemplo:

1. **Procurar no texto a referência para o termo anafórico "isto":** Constatamos que o "isto" se refere à indígena que vai a um congresso, seguindo as pistas deixadas pela aluna por meio de outros elementos anafóricos como "qualquer uma", "a figura" e "ela".
2. **Analisar a relação lógica estabelecida pelo conector interfrástico "porque":** O conector "porque" é responsável pela concatenação de "isto é legal" e "mostra que há gente que respeita os índios". Assim, é preciso mostrar que a aluna introduz uma explicação ou justificativa ao que foi dito no primeiro enunciado (o "porque" serve de justificativa para a afirmação de que "isto é legal").
3. **Mostrar que há uma noção de denotação no enunciado:** Ao escrever: *mulher indígena que frequenta um congresso mostra que há gente que respeita os índios*, fica claro que a aluna se refere ao mundo real.
4. **Explorar a quantificação:** Mostrar que houve exploração da lógica das relações entre expressões que denotam quantificação. Vamos comparar enunciados que poderiam ser usados pela aluna e seus possíveis sentidos:

CAPÍTULO 3   O Objeto de Análise das Aulas de Língua Portuguesa

a) há **gente** que respeita os índios = pelo menos uma pessoa respeita os índios;
b) **todo mundo** respeita os índios = todas as pessoas respeitam; ou cada pessoa respeita os índios;
c) **alguém** respeita os índios = algum indivíduo respeita; afirma existir pelo menos uma pessoa que respeita os índios;
d) **ninguém** respeita os índios = nenhuma pessoa respeita os índios. Ao optar por "há gente que respeita os índios", a aluna demonstra que escrever "gente" é diferente de escrever "todo mundo".

5. **Ampliar o repertório linguístico da aluna e de sua turma:** A partir da relação lógica do "porque", o professor pode levar os alunos a refletir sobre substituições na frase com a intenção de reproduzir o sentido:
   a) Isto é legal, **porque** mostra que há gente que respeita os índios.
   b) Isto é legal, **dado que** mostra que há gente que respeita os índios.
   c) Isto é legal, **visto que** mostra que há gente que respeita os índios.
   d) Isto é legal, **inclusive** mostra que há gente que respeita os índios.
   e) Isto é legal, **uma vez que** mostra que há gente que respeita os índios.

Outra ideia é utilizar conectores para produzir efeitos exóticos:

   f) Isto é legal, **nem** mostra que há gente que respeita os índios.

Nesse caso, o professor trabalharia a ironia. Poderia também ampliar o conhecimento dos alunos, ensinando-os a substituir o "porque" por um conector de diferente relação semântica. Por exemplo, os condicionais, como "caso", indicando as conjugações verbais que se fariam necessárias:

g) Isto é legal, **caso** mostre que há gente que respeita os índios.

Ressaltamos que não é necessário nos limitarmos à apresentação de um conjunto de definições ou a classificações, como num estudo prescritivo, e julgamos muito produtivo recuperar "o prazer de brincar".
Devemos instigar, por meio de ações lúdicas, o interesse pela linguagem. Para reforçar ou criar esse interesse, professores e alunos devem realizar operações sobre e na linguagem, calculando os efeitos de sentido que desejam produzir e, ainda, aproximando-se dos modos pelos quais vários efeitos de sentido são constituídos numa determinada sequência discursiva. O prazer de se aventurar no trabalho com a linguagem vem do reconhecimento de que as palavras não têm relação de semelhança direta com as coisas que indicam. No percurso de interpretação, deparamos com o delírio, a ironia, os equívocos e outras surpresas do sistema linguístico que tornam nosso trabalho de "decifração" extremamente empolgante.

Atividade inspiradora

Jogo dramático

No Brasil, pode-se dizer que existe uma enorme distância entre o que pensamos ser nossa língua pátria e a língua em uso nas mais variadas comunidades linguísticas. Desde a década de 1970, o Projeto de Estudo da Norma Linguística Urbana Culta (Nurc) indica que mesmo os falantes mais escolarizados não falam nem escrevem nos moldes oficiais, o que se apresenta como um impasse para nós, professores: devemos ensinar formas que não são reproduzidas na vida real? A sociolinguística nos alerta, desde a década de 1960, para a importância de considerar as variações linguísticas. É de senso comum para os estudiosos que a variação linguística, quando observada em um mesmo plano temporal, ocorre em dois campos: geográfico (basicamente conduz a uma oposição entre linguagem urbana/linguagem rural) e

CAPÍTULO 3   O Objeto de Análise das Aulas de Língua Portuguesa

sociocultural (características como idade, sexo, profissão, posição social, grau de escolaridade e estilo pessoal).

A atividade que se segue foi criada com base no conhecimento teórico da sociolinguística, visando tanto à criação de um espaço para o trabalho posterior com a noção de "variação linguística", quanto ao exercício de expressão oral, planejamento de textos, composição de personagens e várias outras questões importantes.

Objetivo: Investigar os aspectos da variação linguística presentes na cena linguística brasileira.
Material: Fichas de instruções do jogo, caderno, lápis e borracha.

Passo a passo:

1. Organize a sala de aula formando grupos de seis alunos e distribua para cada grupo uma ficha de instruções;
2. Faça a leitura da ficha com os alunos, alertando sobre os procedimentos;
3. Após a compreensão e leitura da atividade, os grupos deverão se organizar e ensaiar suas falas para a apresentação;
4. Depois da apresentação, cada relator do grupo explicará para a sala o processo de elaboração das falas, em que se basearam, quais foram as maiores dificuldades, entre outras informações que o professor considerar pertinentes.

Instruções gerais:

1. Forme um grupo de seis alunos, sendo um relator e cinco personagens. O relator pode servir também como narrador ou como "ponto" (soprando as falas). O grupo deve seguir as instruções que constam na ficha, sem comentar seu trabalho com os demais grupos.

2. Os alunos terão trinta minutos para a elaboração de um diálogo escrito e sua leitura dramática. O mais importante no diálogo é que reproduza o mais fielmente possível a fala das personagens.
3. Após a apresentação oral de todos, o relator de cada grupo deve comentar os critérios adotados pela equipe para a elaboração dos diálogos. A conclusão da atividade será uma comparação dos diversos diálogos construídos pelo grupo.

> **CENA**
>
> Cinco pessoas que há muito tempo não se viam se encontram na praça de alimentação de um shopping. Após a alegria do encontro, começam a conversar e relatar como está a vida familiar de cada um. Em certo momento, "A" fala para "B" que ele não está comendo direito. Cria-se um clima bastante constrangedor, o que leva à participação de "C", "D" e "E" no diálogo.

Caracterização dos personagens

Grupo 1
A: mulher de 20 anos, estudante de medicina, filha de uma professora de matemática e de um professor de biologia. Sofre de depressão e vive mal-humorada.
B: mulher de 21 anos, do interior de São Paulo, filha de empregada doméstica. Trabalha como vendedora de sapatos durante o dia para custear sua faculdade de publicidade.
C: homem de 24 anos, mineiro. Pai de duas meninas pequenas, foi conhecer o shopping. É filho de um agricultor de uma fazenda mineira e de uma católica fervorosa.

D: homem de 17 anos, cantor de *rap*, mora na periferia de Diadema. Foi conhecer o shopping. Casou-se cedo e não terminou o Ensino Fundamental. É filho de um metalúrgico e de uma costureira.
E: deve ser criado pelo grupo.

Grupo 2
A: mulher de 35 anos, analfabeta, abandonada pelo companheiro quando ele decidiu virar traficante. Mãe de seis filhos. Sofre de depressão. Já passou por quatro cirurgias e está prestes a fazer a quinta. Tem dificuldades de criar os filhos.
B: mulher de 30 anos, mineira, enfermeira de um hospital público, filiada ao PT. Exigiu que o marido saísse de casa. Não teve filhos.
C: homem de 25 anos, baiano. Estuda filosofia e tem uma namorada em São Paulo. É filho de um caminhoneiro e de uma professora de biologia.
D: homem de 20 anos, cantor sertanejo, goiano. Foi conhecer o shopping. É filho de um vendedor de carros e de uma telefonista.
E: deve ser criado pelo grupo.

Grupo 3
A: mulher de 25 anos, carioca, atriz famosa por sua beleza. Terminou o terceiro casamento quando decidiu morar em São Paulo para estudar teatro na USP. Tem uma única filha, fruto de seu primeiro casamento.
B: homem de 20 anos, gaúcho. Filho de uma budista, não aceita a religião da mãe. Vai prestar vestibular para engenharia. Acaba de ganhar uma medalha em uma maratona.
C: homem de 30 anos, artista plástico, ligado ao movimento *punk*. Filho de uma psicóloga e de um artista plástico. Pai de duas meninas pequenas, estuda artes plásticas na USP.
D: mulher de 21 anos, mineira, tenta ser cantora. Filha de uma cabeleireira e de um mecânico. Casou-se cedo e não concluiu a educação formal.
E: deve ser criado pelo grupo.

Grupo 4
A: mulher de 55 anos, evangélica fervorosa, é avó de três crianças. Casou-se cedo e não concluiu a educação formal. Foi abandonada pelo marido.
B: mulher de 23 anos, filha de empregada doméstica. Trabalha como telefonista e saiu de casa, no Paraná, quando conheceu um estudante de ciências sociais. Mora com o namorado no alojamento da universidade.
C: homem de 18 anos, carioca, *skatista*. Está se apresentando ao exército. Abandonou a namorada grávida no Rio de Janeiro.
D: irmão mais novo de "C", cantor de *rap*. Foi conhecer o shopping. Casou-se cedo e não concluiu o Ensino Fundamental. Lamenta não ter conhecido o pai.
E: deve ser criado pelo grupo.

Grupo 5
A: mulher de 21 anos, filha de empregada doméstica. Trabalha como vendedora de sapatos durante o dia para custear a faculdade de jornalismo. Tem uma filha pequena com um ex-namorado.
B: mulher de 50 anos, especialista em grego e latim antigo. Não tem filhos. Sofre de depressão e vive mal-humorada.
C: homem de 26 anos, pernambucano. Foi conhecer o shopping e tem uma namorada que é dançarina em uma casa de chá. É filho de um sindicalista e de uma cabeleireira. Não pretende se casar tão cedo, tem medo de ser infeliz no casamento.
D: homem de 22 anos, seminarista, cearense. Foi conhecer o shopping. É filho de um cantor de forró e de uma cozinheira. Tem vergonha da profissão do pai.
E: deve ser criado pelo grupo.

Para ler mais sobre o tema

BARTHES, Roland. (1984) *O rumor da língua*. Trad. António Gonçalves. Lisboa: Edições 70, 1987. O autor reflete sobre o projeto de aliar

CAPÍTULO 3 O Objeto de Análise das Aulas de Língua Portuguesa

escrita ao corpo, à singularidade. Leitura que instiga indagações sobre diversos temas, como ortografia, autoria e escrita.

FRANCHI, Carlos. Criatividade e gramática. (1987) In: *Secretaria de Educação. Coordenadoria de Estudos e Normas Pedagógicas.* São Paulo: SE/CENP, 1991. p. 7-39. Esse trabalho explica e desenvolve importantes questões linguísticas a serem consideradas na prática escolar. Defende o desenvolvimento de atividades chamadas *epilinguísticas,* que consistem em operações constantes sobre a própria língua. Os exemplos apresentados pelo autor poderão inspirar o professor a experimentar novos modos de construção, comparando e transformando expressões num exercício de investigação linguística que articula o trabalho gramatical com a produção e interpretação de textos.

HENRY, Paul. *A ferramenta imperfeita:* língua, sujeito e discurso. Trad. Maria Fausta O. de Castro. Campinas: Editora da Unicamp, 1992. Paul Henry toma a noção de pressuposição como ponto de partida para uma reflexão na qual o fato de existir um impossível na linguagem ordinária apresenta-se como fonte de indagação sobre os modos de a concebermos. O autor defende que a linguagem não deve ser reduzida a outras ordens que não a própria, o que implica um compromisso ético com o real da língua. Sua leitura instiga a pensar sobre a maneira como a parcela de equívoco que é constitutiva da linguagem pode oferecer oportunidades para que o falante a tome como objeto de análise.

ILARI, Rodolfo; BASSO, Renato. *O português da gente:* a língua que estudamos, a língua que falamos. São Paulo: Contexto, 2006. Os autores discorrem sobre o objeto de estudo da linguística histórica nos últimos cinquenta anos visando mostrar, de forma simples e objetiva, as diferenças do português do Brasil em relação ao de Portugal. Além de atualizar seus conhecimentos, o leitor poderá encontrar subsídios para a criação de estratégias de ensino que possibilitem o estudo do português sem detrimento das particularidades linguísticas dos alunos.

Referências bibliográficas

BARZOTTO, L. R. *Lição de casa*. São Paulo: Mimeo., 2005.

BENVENISTE, É. *Problemas de lingüística geral I*. Trad. Maria da Glória Novak; Maria Luisa Néri. Campinas: Pontes, (1966) 2005.

DUCROT, O. *Princípios de semântica e lingüística*. Trad. Carlos Vogt, Rodolfo Ilari e Rosa Attié Figueira. São Paulo: Cultrix, (1972) 1977.

FRANCHI, C. (1987) Criatividade e gramática. In: *Secretaria de Educação. Coordenadoria de Estudos e Normas Pedagógicas*. São Paulo: SE/CENP, 1991. p. 7-39.

GERALDI, J. W. *Portos de passagem*. São Paulo: Martins Fontes, 1991.

ILARI, R.; BASSO, R. *O português da gente*: a língua que estudamos, a língua que falamos. São Paulo: Contexto, 2006.

LA FONTAINE, J. de. *Fábulas de La Fontaine*. Trad. Milton Amado e Eugênio Amado. Belo Horizonte: Itatiaia, 2004.

ROMAN, J. (1963) *Lingüística e comunicação*. 18. ed. Trad. Izidoro Blikstein e José Paulo Paes. São Paulo: Cultrix, 2001.

SAUSSURE, F. de. (1913) *Curso de lingüística geral*. 20. ed. Trad. José Paulo Paes e Antonio Chelini. São Paulo: Cultrix, 1997.

PARTE II
Ensinar a ler

CAPÍTULO 4
Considerações preliminares sobre o ensino da leitura

A preocupação em garantir que os alunos sejam efetivamente capazes de ler um texto tem assumido cada vez mais destaque em relação aos objetivos do ensino de Língua Portuguesa. Diante de tal fato, apresentamos alguns elementos a partir dos quais propomos uma reflexão que ultrapasse o discurso vazio. Trata-se, portanto, de fundamentar ações concretas a serem desenvolvidas na sala de aula.

Questão para reflexão

> Estamos, de fato, proporcionando aos alunos um acesso exploratório do texto que lhes permita ler com rigor ou nos limitamos a garantir-lhes o acesso à decodificação do texto?

O exemplo a seguir foi extraído de uma cena observada por uma estagiária, em uma sala de Ensino Médio, no segundo semestre de 2005. Nota-se que o aluno apreendeu o sentido do texto de modo bastante peculiar.

> Um aluno, de 18 anos, lê a seguinte manchete em um jornal trazido pela professora para o trabalho de leitura:
>
> **SHEILA MELO E GUGU ENTERRAM FAUSTÃO**
>
> Bastante perplexo e entristecido, comenta com o colega ao lado:
> — Você viu? Mataram o Faustão!!!

Esse tipo de interpretação parece cada vez mais comum entre nossos alunos. Por isso é necessário transcender esse modo de ler fragmentado, que gera efeitos de estilhaçamento na compreensão de uma sequência verbal.

Estudando a teoria e os aspectos metodológicos

No presente capítulo, iniciamos uma reflexão sobre a especificidade da tarefa do profissional que se dedica a ensinar a ler os alunos que já dominam o sistema alfabético de sua língua. Essa tarefa consiste, sobretudo, em levar o aluno a recuperar as pistas textuais que compõem a direção argumentativa do texto.

Em 1º de fevereiro de 2006, a revista *Veja* publicou um ensaio de Roberto Pompeu de Toledo, em que o autor afirma:

> Os círculos de leitura vêm ao socorro de um dos mais gritantes defeitos da educação brasileira: não ensinar a ler. Ou, mais precisamente: produzir alunos capazes de recitar as palavras contidas numa sentença, mas incapazes de captar-lhes o sentido.

Deixando-se de lado a polêmica que costuma ser gerada todas as vezes que um não especialista se arvora de autoridade na área da educação, temos de admitir que se trata de opinião sensata: nossa experiência como docentes nos mais variados graus de ensino, inclu-

CAPÍTULO 4 Considerações Preliminares sobre o Ensino da Leitura

sive nos mais elevados, mostra que cada vez mais existe um batalhão de pessoas, ao que tudo indica, capaz de falar sobre tudo sem dar a menor mostra de não saber sobre o que está falando, pois sequer percebe quando não entende alguma coisa.

Se isso é verdade para o sujeito contemporâneo em geral, essa asserção também inclui o professor de Língua Portuguesa. Por esse motivo, começamos esta reflexão interrogando sobre as condições para sustentar o delicadíssimo trabalho de ensinar a ler nas escolas. Nesse ponto, é interessante ler um trecho de *A casa da madrinha*, de Lygia Bojunga, que nos mostra uma importante denúncia sobre a violência exercida, em muitos casos, contra a inteligência da criança:

1 A escola para onde levaram o Pavão se chamava Escola
2 Osarta do Pensamento. Bolaram o nome para não dar muito na vis-
3 ta. Mas quem estava interessado no assunto percebia logo: era só ler Osarta de
4 trás pra frente.

O texto nos ajuda a compreender a escola e, ao mesmo tempo, introduzir reflexões sobre a recuperação de pistas textuais importantes para a leitura. Vejamos alguns questionamentos:

- Em vez de seguir a estrutura canônica da Língua Portuguesa (sujeito + verbo + objeto), a autora opta pelo uso de sujeito oculto: "levaram o Pavão" (linha 1); "Bolaram o nome" (linha 2). Que efeito de sentido cria essa escolha gramatical?
- É possível sustentar a tese de que o grupo referido por "quem estava interessado" não é o mesmo implicado no item precedente? Que elemento linguístico nos ajudaria a comprovar essa hipótese?
- É possível sustentar a tese de que, na história narrada, a maioria das pessoas não está interessada na discussão sobre a educação? Por meio de que argumento?

- Como é possível mostrar que aqueles que levaram o Pavão a essa escola estavam contando com esse desinteresse?
- Seguindo a dica do texto em relação à palavra Osarta, temos a palavra atraso. Ou seja, a autora alude a uma escola em que se pratica o "atraso do pensamento". Considerando que a autora poderia ter escolhido qualquer outro animal para ser a personagem dessa história, o que é possível apreender no som da palavra "pavão"?

Grosso modo, o texto de Lygia Bojunga nos incita a indagar por que o povo brasileiro é levado para uma escola que atrasa seu pensamento. Apostamos na perspectiva de que uma das saídas para a situação denunciada é o ensino da leitura rigorosa.

Refletindo sobre as ações necessárias para ensinar a ler

Pressupondo-se que o simples contato com material de leitura proporciona, em um processo supostamente natural, o desenvolvimento da capacidade da leitura em seus diversos âmbitos (compreensão, interpretação, fluência etc.), o modo de conduzir as aulas de leitura tem como salvaguarda o fato de que alguns alunos apresentam uma facilidade natural de desenvolver-se na leitura. Eximindo o professor da necessidade de intervir de maneira sistematizada no ensino da leitura, esse argumento se revela tão nefasto quanto a implicação de que o professor se reduz a mero espectador do processo de aprendizagem dos alunos.

Ao estabelecer uma igualdade entre ler e decifrar as letras do texto, essa encenação de ensino acaba por favorecer a manifestação da formação do indivíduo "crítico e participativo", o que se tornou um chavão nos objetivos educacionais atuais. O rótulo esconde a precariedade da leitura de alunos, que conseguem tão-somente emitir uma opinião destituída de nuances interpretativas. O que se vê é uma formação de decifradores e, com alguma sorte, de comentaristas de textos.

Acreditamos na necessidade de ensinar ao aluno a mobilizar seu repertório de conhecimentos sobre a língua, de modo que ele possa, com propriedade, aproximar-se do texto estudado. Isso não exclui a possibilidade de o aluno se posicionar sobre o que leu, mas aponta a importância da separação dessas instâncias. Seria leviano opinar sobre algo que não foi plenamente compreendido.

De acordo com a distinção estabelecida por Riolfi (1999) entre enxergar (apreender os contornos imagéticos de um objeto) e olhar (circunscrever um objeto no tempo e no espaço), reconhecemos que perceber o contorno das letras e o sentido isolado das palavras não é suficiente para a compreensão do texto. Os alunos, quando convidados a se manifestarem sobre um texto, acabam apresentando paráfrases ou ainda selecionam trechos dispersos sem um fio condutor.

Seja pelo desconhecimento do fato de serem necessários esforços sistemáticos para desenvolver meios de capacitar o aluno a ler rigorosamente um texto, seja pela crença de que essa capacidade se desenvolve a partir de leituras e exercícios sem objetivo claro e definido, o professor acaba por perder a dimensão do esforço necessário para ensinar a ler.

A difícil tarefa da escolha de materiais de leitura

Para discorrer com maior pertinência sobre a escolha do material de leitura, vamos retomar um texto de Geraldi (1984) que, em sua versão inicial, já apresentava quatro motivações para a leitura:

1. **A busca de informações:** Realizada com o intuito de extrair informações de um texto, pode concentrar-se tanto em aspectos superficiais como em níveis mais profundos. Interessante frisar que não apenas textos de caráter predominantemente informativo, como textos jornalísticos ou de cunho científico, prestam-se a esse tipo de interlocução. Também textos literários podem ser examinados, em uma etapa inicial do trabalho, tendo em vista a obtenção de informações, tais como autor, forma de elaboração do texto, tema etc.

2. **O estudo do texto:** Caracterizado por um movimento em que o leitor se debruça sobre determinado escrito, a fim de apreender sua configuração, esse tipo de leitura é ato de apreensão e reflexão, do qual participam não apenas os aspectos formais de um texto (sua organização, número de parágrafos, seleção vocabular etc.), mas também aqueles referentes a seu conteúdo (ponto de vista, coerência etc.).
3. **Um pretexto para fazer uma atividade indireta:** Tipo de interlocução em que o texto se apresenta como um disparador de outras ações, tanto leituras como atividades de outro caráter, como redação.
4. **A fruição:** Tipo de leitura cujo cerne é o prazer, é obtida não apenas com textos literários, como tendemos a acreditar, mas em qualquer tipo de relação em que a leitura se mostre um fim em si e não esteja veiculada a nenhuma demanda externa, como a obrigatoriedade de preencher uma ficha de leitura ou realizar um resumo.

Consideramos justo ler por diferentes motivos, o que nos leva à conclusão de que devemos oferecer aos alunos a oportunidade de entrar em contato com uma gama de textos que contemple suas diferentes ambições. Julgamos necessário buscar soluções alternativas às imposições de leitura estabelecidas pelo mercado editorial, que, visando ao lucro como qualquer outro mercado, muitas vezes afasta o leitor do trabalho árduo de definir critérios próprios para a composição de sua biblioteca.

É interessante que a seleção de materiais de leitura seja feita a partir de um delicado calibramento dos seguintes elementos: a) cultura para a leitura que já foi construída pela turma até o início de cada ano letivo; b) acervo de textos já consagrados pela cultura escolar, em especial no que se refere a autores, épocas ou mesmo a textos mais expressivos; e c) acervo de textos informativos.

Acima de tudo, entretanto, parece-nos que tanto a escolha de materiais quanto a condução da aula de leitura devem nos tocar pessoalmente, de modo que, para além da prédica, alcancemos o aluno por nosso testemunho. O professor cuja implicação com a leitura é genuína se comporta da seguinte maneira em relação à seleção dos textos de leitura:

- Respeita e considera o momento do desenvolvimento do aluno como leitor;
- Conta com a existência de um circuito do material impresso, que cria um microcosmo na sala de aula regido pela liberdade de escolha de leitura;
- Considera que nem sempre quantidade é qualidade. Pode-se ler muito, mas continuar a ler muito mal.

Construindo um conceito de "leitura rigorosa"

A cena apresentada na abertura do capítulo é paradigmática dos "problemas de leitura" que os alunos apresentam. São alunos que, diante do texto, consideram exclusivamente sua materialidade e produzem leituras que apreendem apenas fragmentos aleatórios. Se, de um lado, esse aluno é capaz de "ler" um texto, no sentido de decodificá-lo, de outro, ele não consegue compreender o significado do segmento que "lê" em consonância com as outras partes que compõem o texto. A leitura bem-sucedida do aluno decorre de intervenções sistemáticas no trabalho de ensino. É necessário ensiná-lo a executar operações que, por nos parecerem óbvias, deixamos de pontuar.

Devemos ensinar aos alunos que o sentido de um texto transcende a soma de suas partes. Ler de modo rigoroso exige sucessivas operações de retroação. Faz-se necessário, dessa forma, planejar sequências didáticas que levem o aluno a retornar às questões suscitadas pelo texto, sem se limitar somente a seguir palavras da esquerda para a direita e de cima para baixo. O professor deve convidar os alunos a deixar de ler o texto de modo automático, estabelecendo cortes deliberados na leitura.

Responsabilizar-se pelo ato de ler implica seguir cuidadosamente o percurso para a recuperação das pistas interpretativas do texto. Com a leitura responsável, o aluno saboreia as sutilezas de um texto e honra o trabalho de quem o preparou. Ler um texto é considerar seus elementos extratextuais e perceber os elementos da construção de sua linha argumentativa.

Para compreender em que consiste a ideia desse movimento de desconstrução, é importante recuperarmos o raciocínio desenvolvido por Riolfi (2003), que, ao tratar sobre o que denomina trabalho da escrita, cunhou a expressão "ficção textual". Essa expressão designa o trabalho singular de quem escreve, cujo resultado é a ocultação do percurso de produção do texto, como uma peça acabada, sustentando, assim, uma falsa aparência de peça una e monológica.

Enquanto o trabalho de escrita se caracteriza pela ficção textual, o exercício de uma leitura rigorosa estaria mais próximo da elaboração de um *"making off"* dessa montagem. Trata-se de empreender uma observação minuciosa do que nos é apresentado, consistindo em um trabalho que desconstrua a aparência higienizada da superfície textual. Para fazê-lo de maneira eficaz, parece-nos necessário levar em conta os seguintes aforismos sobre a leitura:

- O ato de ler é um exercício de desnaturalização das condições de produção que deram origem a determinado texto;
- A tarefa do leitor é estar atento a um amontoado de condições que tanto dizem respeito ao texto propriamente dito quanto ao modo como ele se coloca diante deste;
- A tarefa do professor implica delicadeza necessária para alterar o posicionamento de seus alunos com relação ao texto, ampliando seu repertório;
- O ato de ensinar a ler tem como propósito ajudar o aluno a compreender que a leitura em si é um tipo de pesquisa vista como questionamento e rearticulação da rede textual que nos cerca;
- A leitura é um ato político, marcado por uma preocupação efetiva de questionar, de afastar-se de um pré-entendimento;

- A experiência de quem lê corajosamente afeta o corpo a ponto de ser alterado pelo que está sendo lido;
- A ética do leitor consiste na disposição de apreender, compreender, formular hipóteses e colocá-las à prova.

Defendemos a necessidade da instauração de um trabalho em que quem lê, independentemente da faixa etária, esteja apto a realizar as seguintes ações:

- Examinar o texto de modo que seja possível desmontá-lo;
- Reconstruir o percurso de sua montagem para demonstrar como foi tecido;
- Analisar como as diversas escolhas (lexicais, estruturais, argumentativas etc.) feitas pelo escritor interferem no resultado final da trama do texto.

Paralelamente, interessa-nos mostrar que os efeitos da leitura naquele que lê (riso, indignação, recusa ou adesão) não podem ser previstos ou calculados com total exatidão, mas podem ser estudados com rigor, como mostra Possenti (1998), que analisou os mecanismos linguísticos presentes nas piadas.

Com coragem para o trabalho e disposição para o novo, essa preocupação guia outra proposta de ensino, em que a leitura, para além do movimento mínimo do aluno em decifrar algo com que não mantém nenhum envolvimento, é concebida como um modo de provocar uma alteração profunda no estado do aluno.

Atividade inspiradora

Seguindo pistas argumentativas

Nesta atividade o aluno deverá ser capaz de realizar uma leitura não linear, identificar o modo como uma personagem constrói sua argumentação e estudar a progressão textual.

Escolhemos uma canção de tema provocativo, praticamente desconhecida pelos alunos, em que a argumentação tem papel central. Fizemos uma descrição aproximada do conteúdo dos versos, utilizando propositadamente termos neutros, que criam um contraste. As descrições estão fora de ordem, de modo que o aluno seja obrigado a ler o texto muitas vezes.

O enunciado do exercício contém uma pequena análise do tema geral da canção e as instruções para a realização do trabalho. Para realizá-lo, sugerimos que o professor prepare uma cópia do exercício para cada um dos alunos, toque a música, distribua as cópias e estabeleça um período de aproximadamente meia hora para a realização do exercício. Após a "correção" da atividade, passe a explorar o texto mais detalhadamente. Destacamos aqui, a título de exemplo, o uso da antítese que denota a divisão (confusão) da personagem, que de "nunca" na linha 1 passa a "sempre" na linha 2.

Agora experimente você antes de conferir o gabarito[1]!

RUBENS (MÁRIO MANGA)
1. Eu nunca quis te dizer
2. Sempre te achei bacaninha
3. O tempo todo sonhando
4. A tua vida na minha
5. O teu rostinho bonito
6. Um jeito diferentão
7. De olhar no olho da gente

---

[1] **Gabarito:** a) (20 e 21); b) (22 e 23); c) (50 a 54); d) (3 e 4); e) (12 a 17); f) (1 e 2); g) (18 e 19); h) (36 a 44); i) (24); j) (47 a 49); k) (25 a 30); l) (5 a 11); m) (55 a 57); n) (31 a 35); o) (45 e 46).

CAPÍTULO 4   Considerações Preliminares sobre o Ensino da Leitura

8. E de criar confusão
9. O teu andar malandrinho
10. O meu cabelo em pé
11. O teu cheirinho gostoso
12. A minha vida de ré
13. Você me dando uma bola
14. E eu perdido na escola
15. Essa fissura no ar
16. Parece que eu tô correndo
17. E sem vontade de andar
18. Quero te apertar
19. Quero te morder e já
20. Quero mas não posso, não, porque
21. — Rubens, não dá
22. A gente é homem
23. O povo vai estranhar
24. Rubens, para de rir
25. Se a tua família descobre
26. Eles vão querer nos engolir
27. A sociedade não gosta
28. O pessoal acha estranho
29. Nós dois brincando de médico
30. Nós dois com esse tamanho
31. E com essa nova doença

32. O mundo todo na crença
33. Que tudo isso vai parar
34. E a gente continuando
35. Deixando o mundo pensar
36. Minha mãe teria um ataque
37. Teu pai, uma paralisia
38. Se por acaso soubessem
39. Que a gente transou um dia
40. Nossos amigos chorando,
41. A vizinhança falando,
42. O mundo todo em prece
43. Enquanto a gente passeia,
44. Enquanto a gente esquece
45. Quero te apertar
46. Quero te morder, me dá
47. Só que eu sinto uma
48. Dúvida no ar:
49. — Rubens, será que dá?
50. A gente é homem
51. O povo vai estranhar
52. Rubens para de rir
53. Se a tua família descobre
54. Eles vão querer nos engolir
55. Rubens, eu acho que dá pé
56. Esse negócio de homem com homem,
57. Mulher com mulher

CAPÍTULO 4 Considerações Preliminares sobre o Ensino da Leitura

Ao ler a letra da música, você vai perceber que o compositor cria um "eu lírico" dividido entre o desejo homossexual e as convenções sociais. Escreva nos espaços reservados os números das linhas da canção que cada um dos enunciados descreveu:

a) Autoproibição de sentir o desejo homossexual por Rubens (___ e ___).
b) Argumentos para justificar a autoproibição (___ e ___).
c) Argumentos de cunho social usados pelo eu lírico de forma vaga, já quase aderindo à perspectiva de Rubens (___ a ___).
d) Percepção íntima do desejo homossexual por Rubens (___ e ___).
e) Descrição do estado de confusão em que se encontra o eu lírico (___ a ___).
f) Recusa explícita de declarar-se à personagem Rubens (___ e ___).
g) Descrição das ações eróticas que o eu lírico gostaria de executar com Rubens (___ e ___).
h) Argumentos de cunho social usados pelo eu lírico para convencer Rubens dos benefícios da utilização da dissimulação (___ a ___).
i) Imperativo para Rubens que denote que este último não está levando a sério a dúvida do eu lírico (___).
j) Pedido para que Rubens redima as dúvidas do eu lírico (___ a ___).
k) Argumentos de cunho social usados pelo eu lírico para dissuadir Rubens de sua posição de escárnio (___ a ___).
l) Qualidades de Rubens que causam o desejo do eu lírico (___ a ___).
m) Momento em que o eu lírico cede explicitamente ao desejo homossexual por Rubens (___ a ___).

n) Indicativo de que o eu lírico tende para a assunção do desejo, ao mesmo tempo que pretende dissimular socialmente (__ a __).
o) Pedido erótico explícito dirigido para Rubens (__ e __).

Para ler mais sobre o tema

BARZOTTO, Valdir Heitor (org.). *Estado de leitura*. São Paulo: ALB, Mercado de Letras, 1999. Coletânea de artigos de autores de diferentes filiações teóricas, publicados na revista *Leitura: Teoria e Prática*, que trata sobre a leitura e os diferentes tipos de leitores e escritores em vários aspectos. Obra cuja leitura leva a refletir sobre as mais diversas formas de leitura e escrita, assim como suas práticas em sala de aula.

ORLANDI, Eni Puccinelli. *Interpretação. Autoria, leitura e efeitos do trabalho simbólico*. Petrópolis: Vozes, 1996. Com base no pressuposto de que a ideologia deve ser vista não mais como ocultação de sentidos, mas como parte do funcionamento da interpretação, a autora discute o estatuto teórico do trabalho de especialistas ao defender que a interpretação é um gesto necessário que liga língua e história na produção dos sentidos. Por colaborar para o deslocamento das concepções tradicionais sobre leitura e interpretação, esse livro sugere indagações que podem ser bastante profícuas aos interessados no ensino da leitura.

PÊCHEUX, Michel. (1990) *O discurso*: Estrutura ou acontecimento. 3. ed. Trad. Eni Puccinelli Orlandi. Campinas: Pontes, 2002. A noção de equívoco como constitutiva da linguagem humana fundamenta a reflexão deste autor, que se tornou referência para os estudiosos da linguagem. O autor postula que as palavras podem assumir sempre mais de um significado e, embora isso gere frequentemente o mal-entendido, apresenta também oportunidades de trabalho criativo e espirituoso com a linguagem em sala de aula.

POSSENTI, Sírio. *Os humores da língua*: análises linguísticas de piadas. Campinas: Mercado de Letras, 1998. Em uma obra clara e didática, o

CAPÍTULO 4 Considerações Preliminares sobre o Ensino da Leitura

autor analisa em um grande número de piadas os mecanismos pelos quais se constitui o efeito de humor. O leitor também poderá aprender sobre os modos de fazer análises linguísticas.

SMITH, Frank. *Compreendendo a leitura*: uma análise psicolinguística da leitura e do aprender a ler. Porto Alegre: Artes Médicas, 1991. Com base no pressuposto de que a leitura nunca pode ser separada das finalidades dos leitores e tampouco de suas consequências sobre eles, Smith mostra detalhadamente os modos pelos quais a experiência de leitura aumenta a habilidade de ler. É referência obrigatória para todos que se interessam pelos aspectos físicos envolvidos no ato de ler, como movimentos dos olhos, processamento das informações no cérebro etc.

Referências bibliográficas

BARZOTTO, V. H. (org.). *Estado de leitura*. São Paulo: ALB, Mercado de Letras, 1999.

BOJUNGA, L. *A casa da madrinha*. 7. ed. Rio de Janeiro: Agir, 1985. p. 24.

GERALDI, J. W. *O texto na sala de aula*. 3. ed. São Paulo: Ática, (1984) 2004.

MANGA, M. Rubens. CD *Grande Coisa*. EMI, 1986.

ORLANDI, E. P. *Interpretação. Autoria, leitura e efeitos do trabalho simbólico*. Petrópolis: Vozes, 1996.

PÊCHEUX, M. (1990) *O discurso:* estrutura ou acontecimento. Trad. Eni Puccinelli Orlandi. 3. ed. Campinas: Pontes, 2002.

POSSENTI, S. *Os humores da língua:* análises lingüísticas de piadas. Campinas: Mercado de Letras, 1998.

RIOLFI, C. R. (1999) Corpo e leitura: nem todo cego sofre de cegueira, nem toda cegueira incide sobre um cego. *Revista Nexus*, São Paulo, ano IV, n. 6, p. 67-77, 2000.

_____. Ensinar a escrever: considerações sobre a especificidade do trabalho da escrita. In: *Leitura: Teoria & Prática, Revista da Associação de Leitura do Brasil,* Campinas, n. 40, p. 47-51, jan./jul. 2003.

SMITH, F. (1989) *Compreendendo a leitura*: uma análise psicolingüística da leitura e do aprender a ler. Trad. D. Batista. 3. ed. Porto Alegre: Artes Médicas, 1991.

CAPÍTULO 5
Recuperar pistas para criar um percurso interpretativo de leitura

Questão para reflexão

O texto a seguir é de um aluno de graduação em Letras, em resposta a um e-mail da coordenadora do Grupo de Estudos e Pesquisas em Produção Escrita e Psicanálise (Geppep) da Universidade de São Paulo, sobre a confecção de um *link* para divulgar o grupo de pesquisas.

Destacamos do e-mail um fragmento que necessitava de vários contextualizadores extratextuais (no caso, uma série de conversas realizadas a respeito da página eletrônica do grupo) para ser interpretado de acordo com o sentido pretendido pela coordenadora, a saber: "(...) As meninas estão animadas para colocar 'o bloco na rua'. Podemos marcar isso para a primeira quinzena de fevereiro?". Vejamos a resposta do aluno:

As interpretações possíveis para "colocar o bloco na rua" seriam:

a) o Geppep possui contatos secretos com escolas de samba de São Paulo e está preparando uma participação especial para o carnaval de 2006 (pouco provável);

> b) vocês gostariam de colocar logo a página do GEPPEP na Internet, e sua publicação seria "colocar o bloco na rua" (talvez);
> c) todos estão concluindo os projetos; será marcado um dia para apresentá-los, colocando "o bloco na rua" (será?).
>
> Enfim, não consegui decifrar o que você quis dizer. Por favor, o que significa "colocar o bloco na rua"? Para que vocês querem marcar uma data?
> E, sim, eu posso disponibilizar um horário na primeira quinzena (apenas depois do dia 10) para esse fim misterioso.

Levando em conta que, em sua irreverência, o jovem apresentou uma leitura bastante pertinente por meio da qual revelou à coordenadora elementos ausentes no texto, propomos o seguinte questionamento:

> Ao ensinarmos o aluno a ler, costumamos instigá-lo a recuperar pistas textuais que permitem a construção de um percurso interpretativo ou nos limitamos a propor uma leitura superficial?

Estudando a teoria e os aspectos metodológicos

No ensino da leitura, a principal tarefa do professor de Língua Portuguesa é proporcionar meios para que o aluno mantenha uma distância calculada do texto. Se aderir às palavras do autor resulta na simples reprodução do discurso alheio, tangenciá-las impede o salto necessário para a interpretação.

Essa tarefa exige, da parte do professor, responsabilidade por aquilo que caracteriza o cerne de sua atividade em sala de aula: o

CAPÍTULO 5 Recuperar Pistas para Criar um Percurso Interpretativo de Leitura

trabalho com a linguagem. Por esse motivo, mais do que dar a última palavra a respeito do que está no texto, importa mostrar ao aluno *como estão construídos* os efeitos de sentido de sua leitura. Nosso trabalho consiste em enfrentar a palavra do outro para perceber como o texto foi organizado, que tipo de construção foi utilizada, qual o vocabulário escolhido etc.

Nossa posição está fundamentada na crença de que ler é um ato criador que retira da apreensão estática aquele que lê passivamente. O leitor, ao ser afetado por um escrito, passa a ter papel ativo: formula outros textos possíveis com base no que foi lido.

Para exemplificar essa afirmação, apresentamos um texto retirado de uma embalagem de chá. O objetivo é perceber as possibilidades de exercício de leitura.

1 Os povos orientais degustam esta bebida desde tempos imemoriais. Seu
2 consumo é um hábito de sofisticado ritual. O chá verde Real Multiervas, além de ser
3 saudável, também é bom para seu paladar. Elaborado especialmente para
4 ser apreciado após as refeições, nosso *blend* de folhas selecionadas tem
5 um sabor refrescante e agradável desde o primeiro gole. O toque suave do
6 chá verde Real Multiervas faz do hábito de cuidar de si um verdadeiro prazer.

Esse texto foi escolhido em razão de seu conteúdo não proporcionar um tipo de leitura que toma o tempo da aula de Língua Portuguesa com questões alheias, como "que lição de vida podemos retirar desse texto sobre o chá verde?", prática frequente em muitas escolas.

Em relação ao modo como o texto foi construído, é possível identificar três partes. Na primeira (linhas 1 e 2), a apresentação do produto: o chá é associado a um contexto de tradição e refinamento. Na segunda, do segundo período da linha 2 até a linha 5, é possível conhecer a) os atributos do chá: saudável e bom para o paladar (linha 3); b) sua constituição: um *blend* de folhas selecionadas (linha 4); e c) as particularidades do sabor: refrescante e agradável (linha 5).

Por meio dessa descrição, podemos apontar dois outros atos linguageiros: após a prescrição do modo ideal para consumir o produto, "Elaborado especialmente para ser apreciado após as refeições" (linhas 3 e 4), a promessa de prazer imediato (linhas 5), subentendida na declaração de que o chá é agradável e refrescante desde o primeiro gole.

Dando continuidade à apresentação do produto, que passa gradativamente de tradição de povos orientais à fonte de prazer imediato, as vantagens de se consumir essa bebida são enaltecidas: sugere-se que possui natureza mágica pela capacidade de transformar algo do cotidiano, um *hábito* (linha 6), em prazer de ordem incomum, *verdadeiro* (linha 6).

De que maneira um texto como esse pode contribuir para o ensino da leitura? Uma vez superado o preconceito de que só é possível trabalhar com um "texto ideal", todo tipo de texto permite a análise do projeto textual que se depreende da sua materialidade linguística. Assim, aproveitando os textos que permeiam o cotidiano, podemos elaborar atividades em que o aluno identifique o percurso da escrita, relacionando-o com os efeitos de sentido decorrentes. Em nosso exemplo, mostramos como o texto tentou criar um efeito de sentido, a fim de fazer com que o leitor considere um simples chá um objeto de prazer que modifica o seu cotidiano.

Em outras palavras, uma leitura atenta às materialidades discursivas pode ser um ato criador, cuja potência é alterar o estado daquele que a realiza. No texto que acabamos de analisar, a leitura pode transformar o consumidor passivo em sujeito atento às maneiras como a propaganda tenta persuadi-lo a consumir determinado produto, ou mesmo como tenta transformar sua identidade, adequando-a ao sujeito genérico da sociedade contemporânea.

É importante ressaltar que, no geral, o texto do tipo argumentativo ou de opinião é um dos que oferece maior dificuldade para ser trabalhado. Essa dificuldade ocorre porque sua característica prin-

CAPÍTULO 5 Recuperar Pistas para Criar um Percurso Interpretativo de Leitura

cipal é a de ser escrito para levar o leitor a aderir à tese defendida no texto sem perceber que se trata de uma "ideia implantada". Se bem escrito, faz com que passemos a repetir o que foi lido, mesmo que a ideia defendida nos seja prejudicial.

Dessa forma, o movimento de leitura assume grande importância, uma vez que, por meio do esmiuçamento das partes que compõem um escrito, o leitor apreende o percurso da argumentação. Consequentemente, ao elencar os recursos de persuasão utilizados pelo autor, o leitor torna-se capaz de "discutir" com os textos que buscam afetá-lo, em vez de aderir passivamente ao que lhe é apresentado.

Nesta direção, ganha relevo mostrar ao aluno que a opacificação do ponto de vista pessoal de quem escreve é uma tendência constitutiva do texto argumentativo. Tomando-se um texto argumentativo qualquer, é importante dar a ver que o autor tende a retardar a assunção de que argumenta em prol de uma opinião pessoal por meio da utilização de uma suposta voz da ciência, portadora de informações inquestionáveis.

É interessante, do ponto de vista de quem aprende a ler, portanto, ver que um articulista tende a construir a autoridade de sua opinião do lugar discursivo de representante do saber científico. É desse lugar discursivo que declara suas opiniões e, fazendo-o, constitui-se como membro do grupo daqueles que estão no discurso da verdade.

Em suma, defendemos a necessidade de levar o aluno a, toda vez que lê com interesse, não se limitar à adesão irrefletida às teses apresentadas nos textos, mas a adotar um movimento de leitura que possibilite a reconstrução do percurso argumentativo construído durante o ato de escrever.

Para isso, é preciso insistir em uma prática pedagógica de leitura que transcenda ao senso comum do discurso sobre leitura na aula de Língua Portuguesa, resumido, aqui, em poucas palavras: criação do hábito, instalação do gosto e prática de leitura.

No âmbito de nossa proposta, não se trata de ler por ler, de fazê-lo mecanicamente. Propomos um tipo de leitura que é, por assim dizer, similar à prática do arqueólogo, que deve localizar fragmentos preciosos em grande extensão de matéria bruta.

Atividade inspiradora

Trabalhando com as formas de expressão

Em vez de sugerirmos uma atividade de leitura para ser adaptada e aplicada em sala de aula, optamos por incluir um exercício realizado por uma criança de nove anos de idade, do 4º ano do ciclo I do Ensino Fundamental.

A ideia é inspirar-se nos movimentos de leitura realizados por essa criança para criar maneiras de ajudar outras crianças a construir percursos análogos. Antes de apresentarmos a leitura propriamente dita, ressaltamos nossa crença de que não há necessidade de restringir o trabalho de Língua Portuguesa a textos que consideramos bons ou agradáveis, ou mesmo àqueles de reconhecido valor social. Em nossas experiências, obtivemos resultados bastante satisfatórios explorando textos menos convencionais, como é o caso da letra de um *rap* polêmico apresentado a seguir.

JESUS NEGÃO (LIBERA O BADARÓ)
1 Presidiária do Caramuru, a fronteira final...
2 Diário de bordo, data estrelar 3 do 4 do 2 do 1
3 Pavilhão 9, quadrante treze, esquina com Avenida das Alamedas,
4 467, fundos, falar com dona Ivete após as 16.
5 Os mano audaciosamente indo aonde nenhuma Adriana jamais
6 Esteves
7 Aí fei, aqui é o Primo Preto falando véi, vocalista dos Números

CAPÍTULO 5 Recuperar Pistas para Criar um Percurso Interpretativo de Leitura

8	Racionais MC ao quadrado. Sobrevivente do Massacre de Itapuã,
9	nego.
10	Segundo os estudos realizados nas faculdades
11	universitárias de Massaxussestis:
12	A cada 39% dos nego que nascem nessa cidade são pretos.
13	4% dos 7% dos nego que estudam nas faculdade são preto.
14	A cada 2 crianças que nascem nega, uma morre preta.
15	80% dos nego preto morrem queimado nêgo.
16	Conheci um cara que se chama Jesus
17	Por expor suas ideias, enforcaram-no na cruz
18	Jesus Negão
19	Jesus Negão, sangue bão...
20	Segundo os dados da Ceagesp de Santa Catarina:
21	7% dos brancos divididos por 7% dos nego dá 7 pretos.
22	4 vezes 15 preto dá vinte nego.
23	30% dos preto que morrem na sociedade são verde.
24	12% da sociedade inteira branca é nega.
25	50% dos pai preto com mãe nega dá filho preto.
26	25% da sociedade é preta.
27	75% da sociedade também é preta.
28	Tudo é preto.
29	Nego é preto.
30	Corinthiano, maloqueiro e sofredor, mano

31	Jesus é um grande cara e bate um bolão
32	Só não veio hoje porque tá pregadão
33	Jesus Negão (é, é amigo, é!)
34	Jesus Negão (é, é amigo, é!), sangue bão...
35	Ae mano, Jesus é o senhor – Ae mano, Jesus é o senhor!
36	Não, não mano, Jesus é o senhor – não, Jesus é o senhor e tá falado
37	Não, Jesus é o senhor – Não, tá ligado, eu li a Bíblia e Jesus é o senhor!
38	Não, Jesus é o senhor – NÃO, JESUS É O SENHOR, CARALHO!
39	É o senhor mano – Tá bom, sou eu mas não conta pra ninguém, valeu mano.
40	Segundo o Indifolha-se:
41	o melhor disco dos Beatles é o Álbum Branco
42	e o pior disco do Metallica é o álbum preto.
43	Nos Estados Unidos da América a cada 10 nego
44	5 jogam num time e 5 jogam no outro.
45	De todos os nego entrevistados, 50% acha que é preto,
46	50% acha que é nego e os outros 45% mandaram
47	eu tomar no cu e roubaram minha carteira.
48	É pau é preto é o fim do caminho, mano.
49	Eu sou primo preto, amigo dos preto, nego e soberano!
50	Jesus é mano véio, cabelo Brack Power
51	Bola de três dedo, conhece o Beckenbauer
52	Jesus Negão (é, é amigo, é!)
53	Jesus Negão (é, é amigo, é!)

CAPÍTULO 5 Recuperar Pistas para Criar um Percurso Interpretativo de Leitura

54	Jesus Negão (é, é amigo, é!)
55	Jesus Negão (é, é amigo, é!)
56	Jesus Negão (é, é amigo, é!), sangue bão... (Obrigado, muito obrigado moço, muito
57	obrigado viu moço)
58	Edson Arantes do Nascimento, João do Pulo, Zezé Motta, Jorge
59	Lafon, Tia Anastácia, Grande Othello (Obrigado), Lady Zu, Tony Tornado,
60	nego-ciação, só nêgo são (muito obrigado viu moço), Oswaldo Montenegro,
61	Fernanda Montenegro, Walter Negrão, Marcelo Negrão, Darth Vader, Sivuca,
62	Hermeto Pascoal, Diamante Negro, Sharon Stone (gostosa), fuscão
63	preto, caixa-preta, buraco negro, quadro-negro, Malcom X, Martin
64	Luther King, Dom King, Larry King, King Kong, kung fu, pato
65	fudeu, ó os homê aí, mano!
66	Jesus Negão
67	Sangue bão! (muito obrigado viu moço!)

O percurso de leitura, cerne do relato dessa atividade, surgiu informalmente em ambiente doméstico: uma das autoras deste livro recebeu a canção por e-mail e a escutou enquanto trabalhava no computador. Julgou a letra muito sofisticada e se divertiu com ela, mas notou que a filha de nove anos estava se divertindo ainda mais, no cômodo ao lado.

Por ter achado difícil a possibilidade de a criança entender a sutileza da canção, a mãe chamou-a e perguntou: "O que os caras fizeram para essa letra ficar engraçada?". Para atender ao pedido da mãe, a criança pediu uma cópia da letra da canção[1], que levou para o quarto; retornou, depois, com as seguintes anotações no verso da folha:

- Da linha 1 à linha 3 há uma paródia da série *Jornada nas Estrelas*;
- Nas linhas 3 e 4, é interrompida por uma propaganda de aluguel de casa;
- Na linha 8, o uso da matemática está todo errado;
- Na linha 8, consta um sobrevivente que não pode existir, uma vez que Itapuã é uma praia onde não houve nenhum massacre;
- Nas linhas 12 e 13, a palavra "nego" foi usada com duplo sentido, de pessoa e de negro;
- Na linha 16, o verbo conhecer foi usado de modo impossível. Como o narrador pode conhecer Jesus de verdade?
- Na linha 17, a crucificação de Jesus é descrita de modo errado, pois numa cruz não se enforca ninguém;
- Na linha 20, aparece uma empresa que não pode existir, pois as coisas que terminam com SP ficam em São Paulo;
- Da linha 21 à linha 24 usa-se novamente matemática esquisita;
- Na linha 23, outro absurdo: não é possível um preto ser verde;
- Na linha 24, aparece um personagem impossível: um branco que é negro;
- Nas linhas 26 e 27, se vai dar 100%, não dava para colocar tudo em um só?;
- Na linha 31, a imagem de Jesus jogando futebol é ridícula;
- Na linha 32, a palavra "pregadão" tem duplo sentido: cansado e grudado com pregos (na cruz);

---

[1] À época em que esta obra estava sendo escrita, a versão entregue à criança estava disponível no *site* http://massacration-musicas.letras.terra.com.br/letras/ 111879. Atualmente, segundo o autor da letra, esta se encontra modificada. (NE)

CAPÍTULO 5 Recuperar Pistas para Criar um Percurso Interpretativo de Leitura

- Na linha 36, a palavra "senhor" tem duplo sentido: um é de poderoso (Deus), o outro é do interlocutor do cara que está brigando;
- Na linha 42, uma denúncia de racismo. Quem gosta de rock diz que o "álbum preto" é o melhor, não o pior disco do Metallica;
- Da linha 45 à linha 47 a soma dá mais de 100%;
- Nas linhas 46 e 47, aparece uma insinuação ridícula de que o narrador deve ter muitas carteiras. Você já imaginou ter carteiras o suficiente para 45% da população de uma cidade roubar uma de cada vez?;
- Na linha 50, novamente uma imagem ridícula: Jesus de cabelo *black power* é demais!;
- Da linha 58 à linha 65 há introdução de elementos que quebram o padrão da lista, composta, em sua maioria, de nomes próprios de pessoas negras;
- Na linha 62, tem uma quebra quando o cara chama a Sharon Stone, que é loira, de "gostosa";
- Na linha 63, pornografia insinuada: que pedaço do corpo pode ser o "buraco negro"?

Vamos acompanhar o modo como a garota efetuou a leitura. O primeiro ponto a ser destacado é que ela não fez nenhum julgamento de valor. Ao confrontar o texto, simplesmente o leu. Considerando-se a faixa etária, empreendeu uma análise rigorosa das materialidades linguístico-discursivas do texto, que, em virtude de alguns aspectos de sua complexidade, surpreende bastante os adultos que com ela depararam.

Nas ocasiões em que esse texto foi apresentado, a seguinte pergunta surgiu com bastante frequência: "Como a menina pôde fazer uma leitura da letra dessa canção muito mais elaborada do que aquela comumente realizada pelos adultos?"

O desconforto gerado pela consistência de uma leitura realizada por uma criança em contraposição àquela realizada por adultos que frequentemente se restringem a "dar uma olhada" no que se lhes é apresentado para ler motivou-nos a elencar as ações que permitiram à criança realizar um trabalho de leitura mais refinado que a mera decodificação das palavras utilizadas no *rap* em questão.

Indicamos que a pergunta proposta pela mãe consistiu em um convite para um trabalho em profundidade cuja aceitação por parte da menina demandou:

1. Ater-se à pergunta que lhe foi feita, eximindo-se de se perder em divagações infrutíferas e, consequentemente, tornar-se incapaz de respondê-la;
2. Mobilizar elementos de sua enciclopédia (aquilo que chamamos de conhecimento geral), por exemplo, o que é um penteado *black power*;
3. Estar atenta à realização lógica entre os termos de uma proposição (no caso, se x, então y), podendo, assim, apontar a quebra (por exemplo, nas linhas 28 e 29);
4. Levar em conta o léxico da Língua Portuguesa, que lhe permitiu perceber o emprego deliberado de vocábulos com duplo sentido (como em "pregadão", "nego" e "senhor");
5. Considerar as especificidades de cada tipo de texto, atenção que lhe fez reconhecer, por exemplo, um anúncio de imóvel no meio da paródia de *Jornada das Estrelas*;
6. Estar atenta à sintaxe da Língua Portuguesa, o que lhe possibilitou perceber a quebra sintática na linha 62.

Para terminar, gostaríamos de afirmar que, levando em conta a singularidade dos leitores e a multiplicidade dos percursos de leitura, os movimentos realizados pela criança em relação ao texto nos fornecem importantes pistas para refletir sobre o que é necessário quando o objetivo é ensinar a ler.

Para ler mais sobre o tema

GUIMARÃES, Eduardo (org.). *História e sentido da linguagem*. Campinas: Pontes, 1989. O autor apresenta aspectos teóricos da significação, bem como análises discursivas de textos; oferece subsídios para que o leitor avance em relação a questões como enunciação e sentido da linguagem. Os exemplos de análises são bastante didáticos.

GUIMARÃES, Eduardo (org.). Textualidade e argumentação. In: *Os limites do sentido*. Campinas: Pontes, 2005. Traz considerações a respeito das operações próprias da textualidade e dos procedimentos que permitem seu funcionamento. Guimarães mobiliza conceitos da semântica enunciativa para a desconstrução da ilusão de unidade do texto. Obra fundamental para o professor que deseja motivar o aluno a construir sentido em relação ao texto trabalhado.

GINZBURG, Carlo. (1981) Sinais: raízes de um paradigma indiciário. In: *Mitos, emblemas, sinais*: morfologia e história. São Paulo: Companhia das Letras, 1990, p. 143-179. O texto apresenta uma proposta de leitura que recupera pistas interpretáveis depositadas na superfície textual e que costumam passar despercebidas. Tendo como referência os trabalhos realizados por Morelli – que para verificar a autenticidade de obras de arte se dedicava ao exame minucioso dos pequenos traços que particularizavam o trabalho de um determinado artista –, Ginzburg defende a adesão a uma tradição de pesquisa existente desde o século XIX, segundo a qual, por intermédio de indícios mínimos, é possível reconstruir o aspecto de algo que nunca foi visto.

PERELMAN, Chaïm; OLBRECHTS-TYTECA, Lucie. (1956) *Tratado de argumentação*: a nova retórica. Trad. Maria Ermantina Galvão G. Pereira. São Paulo: Martins Fontes, 1996. Perelman é o grande representante das teorias retóricas modernas surgidas a partir dos anos 1960. Seus estudos preocupam-se, sobretudo, com a estrutura da argumentação, analisada tanto no discurso oral quanto nos textos impressos. Nessa obra, defende que o poder de argumentar é um sinal distintivo do ser racional e que é em função de um auditório que qualquer argumentação se desenvolve. Leitura imprescindível para todos aqueles que lidam com os impasses da arte de argumentar.

Referências bibliográficas

GUIMARÃES, E. (org.). *História e sentido da linguagem*. Campinas: Pontes, 1989.

_____. Textualidade e argumentação. In: *Os limites do sentido*. Campinas: Pontes, 2005, p. 77-82.

GINZBURG, C. (1981) Sinais: raízes de um paradigma indiciário. In: *Mitos, emblemas, sinais*: morfologia e história. Trad. Federico Carotti. São Paulo: Companhia das Letras, 1990, p. 143-179.

NIGRO, M.; KENEDI, T. *Jesus negão*. Disponível em: <http://massacrationmusicas.letras.terra.com.br/letras/111879>. Acesso em: 2 jun. 2005.

PERELMAN, C.; OLBRECHTS-TYTECA, L. (1956) *Tratado de argumentação*: a nova retórica. Trad. Maria Ermantina Galvão G. Pereira. São Paulo: Martins Fontes, 1996.

CAPÍTULO 6
O "lugar nenhum"[1] da literatura nas aulas de Língua Portuguesa

Questão para reflexão

No Brasil, algumas das revistas semanais de maior circulação trazem a lista dos livros mais vendidos. Para iniciarmos nossa reflexão, selecionamos e reproduzimos a seguir a parte de ficção de uma dessas listas, publicada na *Entrelivros*, revista mensal que trata de literatura.

> **FICÇÃO**
> 1. O CÓDIGO DA VINCI, de Dan Brown (Sextante, 480 págs., R$ 39)
> 2. MEMÓRIAS DE MINHAS PUTAS TRISTES, de Gabriel García Márquez (Record, 132 págs., R$ 24)
> 3. FORTALEZA DIGITAL, de Dan Brown (Sextante, 336 págs., R$ 29)
> 4. ASSASSINATOS NA ACADEMIA BRASILEIRA DE LETRAS, de Jô Soares (Companhia das Letras, 256 págs., R$ 35)
> 5. ANJOS E DEMÔNIOS, de Dan Brown (Sextante, 464 págs., R$ 39)

---

[1] "Lugar nenhum" é uma expressão ambivalente da música homônima do grupo Titãs.

> 6. **O ZAHIR**, de Paulo Coelho (Rocco, 320 págs., R$ 35)
> 7. **O ENIGMA DO QUATRO**, de Ian Caldwell (Planeta, 432 págs., R$ 39)
> 8. **QUANDO NIETZSCHE CHOROU**, de Irvin D. Yalom (Ediouro, 412 págs., R$ 44)
> 9. **GUIA DO MOCHILEIRO DAS GALÁXIAS**, de Douglas Adams (Sextante, 208 págs., R$ 19)
> 10. **A CURA DE SCHOPENHAUER**, de Irvin D. Yalom (Ediouro, 336 págs., R$ 49)

Supondo que essa lista indique o que as pessoas estejam lendo, reflita sobre a questão seguinte, que norteará nossas discussões acerca da presença da literatura nas aulas de Língua Portuguesa:

> O que podemos fazer para que os textos de ficção que circulam nas aulas de Língua Portuguesa não sejam similares aos *best sellers* e se contraponham à política do gosto médio?

Estudando a teoria e os aspectos metodológicos

Discutir questões como a proposta por este capítulo exige um olhar detido sobre as especificidades do contemporâneo. Antes, ler textos literários era sinônimo de prestígio, pois o termo literatura era bem definido e normalmente relacionado às belas-artes. Propor essa relação nos dias atuais é no mínimo correr o risco de ser considerado *démodé*, pois os valores mudaram e, com eles, a literatura.

Observando alguns títulos da lista, não é difícil constatar as mudanças no gosto do leitor. O consumidor parece não estar interessado em saber se os livros escolhidos são obras-primas ou, mesmo, se são literatura; a preferência é por uma "boa história", por um "livro leve" ou por qualquer um que pareça responder às suas angústias existenciais. É a assunção da cultura do entretenimento, que atinge não somente a recepção, mas também a produção literária.

Hoje é difícil identificar o que seja literatura. As condições para que um texto aceda ao estatuto de literatura mudaram; a relação com as belas-artes está praticamente extinta, o que em tese obrigaria os leitores a uma incessante reavaliação de seus parâmetros de leitura. No entanto, parece-nos que a maior parte do público leitor, a julgar pela lista, elege como leitura preferida aqueles livros que são mais palatáveis, digeríveis, como se, tendo de escolher entre apreciar um bom *à la carte* e um *self-service*, optasse pelo segundo. Afinal, é mais rápido.

No entanto, a nosso ver, se ainda há uma razão para o ensino de literatura é a de se contrapor à política do gosto médio, pois a literatura, tal como instituída e reorientada há quase dois séculos, opõe-se ao natural, ao normal, ao palatável.

Por que (não) a lista?

Parece-nos consenso que a existência da lista de *best sellers* se justifica porque funciona como propaganda. O *ranking* dos mais vendidos, ao indicar a posição de uma obra no mercado editorial, tem como um dos efeitos chamar ainda mais a atenção sobre o produto. É um movimento de duplo efeito, a exemplo daquelas perguntas sem solução: "Está na lista porque vende mais ou vende mais porque está na lista?".

As vendagens não se relacionam propriamente ao valor literário do livro, mas, sim, às estratégias de marketing. Toda editora possui curingas que definem a política de investimento na divulgação de lançamentos. Não é coincidência que o primeiro lugar da lista seja ocupado pelo *best seller* de maior repercussão dos últimos tempos; uma daquelas febres aparentemente inexplicáveis produzidas vez ou outra pelo meio editorial capaz de mexer com o público leitor (que o lê vorazmente) e com a crítica (que o rebate com a mesma voracidade). A réplica mirim são livros como os de Harry Potter, da inglesa

J. K. Rowling, que, quando lançados, imediatamente se transformam em fenômenos de venda. Sucessos como esses produzem uma espécie de contágio: surgem as réplicas e várias publicações que versam sobre o mesmo tema ou são escritas seguindo um mesmo molde são lançadas, influenciando – e mesmo formatando – a escolha dos livros pelo público leitor.

As palavras usadas para especificar o lugar ocupado pelo livro *O Código da Vinci* – êxito, sucesso, fenômeno – talvez expliquem por que 80% da lista é ocupada por títulos de autores estrangeiros. Na era da globalização, investe-se mais na propaganda de escritores que possuem o perfil adequado para atingir o mercado mundial. No Brasil, exceto Paulo Coelho, não há muitos fenômenos de venda. Afora esse, o outro autor brasileiro entre os mais vendidos está na mídia diariamente e é uma espécie de protótipo do nosso imaginário tupiniquim: sujeito jocoso, boa-praça e, ao mesmo tempo, muito inteligente e esperto.

O chamado gosto médio alimenta-se das aporias do nosso tempo, em que se produz cada vez mais informação e menos cultura, sem que haja um rastro vivencial que possibilite a capacidade de fazer distinções: quem hoje tem a responsabilidade do dizer? Não será surpresa se um dia o leitor chegar ao estágio de não saber que Nietzsche, Schopenhauer e Leonardo da Vinci (personagens-título de alguns dos livros da lista) são nomes de grande importância na história das ideias, e acreditar que sejam tão-somente uma invenção de Irvin D. Yalom e Dan Brown, respectivamente.

Se quisermos que a aula de Língua Portuguesa seja um espaço de sentidos constitutivos do acontecimento que chamamos literatura, listas como essas não servem de guia. Assim, uma questão incômoda e cada vez mais contundente impõe-se aos educadores, por razões históricas, há pelo menos 20 anos: até que ponto a nossa prática é responsável pela diluição dos critérios de leitura? A inserção de livros na sala de aula que permitam uma leitura ao mesmo tempo delirante e qualitativa depende dessa resposta.

CAPÍTULO 6 O "Lugar Nenhum" da Literatura nas Aulas de Língua Portuguesa

Contrapor-se: um gesto a favor da leitura

Poderíamos nos contrapor à presença dos chamados *best sellers* – e os similares – nas aulas de Língua Portuguesa com base em uma oposição simples: se deles já se ocupam o marketing editorial, a mídia, as livrarias, a Internet (eles são sempre os primeiros à mostra), para que o professor se ocuparia deles também?

De fato, essa já é uma razão bem plausível, mas simplesmente ignorá-los significaria não levar à sala de aula a discussão sobre as razões, sejam textuais, sejam históricas, de esses livros não permitirem o acesso ao que é específico do literário. Seria necessário, em um estágio avançado de leitura em sala de aula, discuti-los, para demonstrar, por meio de análises, como as estratégias discursivas se repetem nesse tipo de obra.

Falta muito para a literatura ter um lugar, no sentido de pertencer plenamente à comunidade escolar. Por exemplo, embora no âmbito dos estudos literários há tempos se discuta o fato de não ser o tema que faz um texto ser literário, é comum considerar apenas esse aspecto. Mudar tal prática demandaria do professor um esforço (pessoal e solitário, na maioria das vezes) permanente de pesquisa, levando-o a colocar a sua própria pesquisa, no momento da preparação da aulas, em uma posição privilegiada. Pensemos no modo como os livros chegam às escolas.

As bibliotecas são, no geral, formadas por livros distribuídos pelas políticas governamentais. Longe de querermos discutir as vantagens e desvantagens dessas políticas, fiquemos apenas com uma das consequências: como os professores normalmente utilizam, nas aulas de leitura, os livros da biblioteca, a pergunta "O que é literatura?" não é sequer colocada em pauta, não se transforma em questionamento, em discussão das aulas de leitura. A questão é respondida pelo critério da existência física: literatura são os livros que existem na biblioteca.

No entanto, a ausência da pergunta "O que é literatura?" contribui, e muito, para a falta de norte das práticas de leitura escolares, uma vez que é próprio da literatura essa incessante pergunta sobre si mesma. Especular o modo como alguns textos, apesar da lógica cultural imposta, não traduzem e não se traduzem com base nessa lógica faria das aulas de leitura um ambiente de estudo sistematizado e ininterrupto.

As controvertidas escolhas nas aulas de leitura

Não é de hoje que parece haver uma indeterminação do que seja literatura e para que devemos ensiná-la. Apesar de todos os esforços envidados nas últimas décadas, o ensino da literatura tem sido confundido com o aspecto das "moralidades", em um didatismo crescente.

Algumas passagens literárias nos legaram depoimentos belos e comoventes que comprovam tal constatação. Uma passagem de *Infância*, de Graciliano Ramos, é um entre tantos exemplos. O menino, enquanto lia para o professor em voz alta os livros escolares, "fantasiava em sossego um livro diferente, sem explicações confusas, sem lengalengas cheias de moral". Queixas semelhantes proferem os leitores de hoje[2].

Neste início de século, continuamos diante da persistência de a escolha dos livros ainda se basear na mesma lógica que admoestava o menino de *Infância*. Literatura, especialmente no Ensino Fundamental, serve, em geral, para discutir questões educacionais, moralizadoras, civilizadoras e pedagógicas. A generalização dessa concepção de literatura criou um engodo sem tamanho e alimenta todo um mercado editorial que criou réplicas mirins de *best sellers* oferecidos aos adultos.

Em nome de uma pretensa "formação global" do adolescente, os livros mais parecem manuais de autoajuda, desinteressantes, mal

---

[2] Na atividade inspiradora deste capítulo, constam duas entrevistas feitas com jovens que se autodefinem leitoras. As discussões deste capítulo são todas movidas pelas aspirações dessas duas jovens.

CAPÍTULO 6 O "Lugar Nenhum" da Literatura nas Aulas de Língua Portuguesa

escritos, que não cumprem outra função senão a de fazer o jovem se desinteressar pela literatura. Assim, o resultado é uma formação às avessas: o aluno sai da escola pensando que literatura são histórias chatas em que personagens mais chatas ainda dizem o que deve ser feito e, sobretudo, o que não se deve fazer.

Não podemos nos pautar, portanto, pela lógica falaciosa dos leitores de livros de autoajuda, que funcionam como se dissessem: "Este livro vai *servir* para melhorar minha vida". O texto literário, desde sempre circulando nas brechas que encontra na lógica de mercado, rebela-se contra essa injunção utilitarista e normativa que quer moldar nosso corpo e nos ensinar como devemos viver nossas vidas.

Para quem é sensível, é no corpo que a palavra em delírio, qual bactéria, encontra sua morada. Não se trata da palavra que porta ideias moralizantes nem de algo que sirva de modelo para a escrita que "funciona" em nossos tempos, tampouco de algo que tenha qualquer tipo de utilidade para a vida prática. A palavra literária nos atinge como puro gozo, por isso deve marcar sua diferença em um mundo em que toda e qualquer coisa precisa estar revestida de utilidade.

Aceitando o que nos é dito de modo tão claro, seja por meio da lista dos livros mais vendidos, seja por discursos de alunos que neutralizam a importância da escola na sua formação como leitores, devemos reconhecer um duplo fracasso: não conseguimos cumprir o intento de sermos guardiões da moral e dos bons costumes, muito menos o de criar um lastro significativo de experiências com o texto literário.

Ao chegarmos a esse ponto, no reconhecimento de que a literatura é algo diverso e muito além da função didática, resta-nos tratar de outra questão: muitos dos livros existentes nas bibliotecas escolares não nos servem, se quisermos tratar de questões mais específicas à literatura. Os chamados paradidáticos, salvo raríssimas exceções, deveriam ser varridos do horizonte escolar. Na sua maioria, postulam um tipo de leitor programado, deduzem uma espécie de mediocridade generalizada, por isso a existência de tantos textos "facilitados", operadores de uma pedagogia que afirma que os bons serão compensados, e os maus, castigados.

Outro problema são as adaptações de livros, muitas vezes apresentadas aos alunos sem a informação de que o são. Vale dizer que muitos desses livros são de qualidade. O problema é que dificilmente chegam às escolas, uma vez que, nelas, predominam as adaptações enviadas pelas editoras que descobriram aí um filão de venda de livros para as séries iniciais. É importante que o professor saiba distinguir. Não adianta querer ler os dois volumes de *Dom Quixote* em um 7º ano, mas ler alguns capítulos de um livro como esse, que traz pequenas histórias contadas pelo famoso protagonista apaixonado por livros, é uma ótima maneira de os leitores em formação saberem da sua existência. Isso também se aplica, entre outros, aos contos de *Mil e uma noites*.

Outra forma interessante de trabalhar com esse tipo de livro é investir nas ótimas adaptações em quadrinhos lançadas por algumas editoras. Conhecemos pelo menos duas de *Dom Quixote*, notáveis pela qualidade: a do cartunista Caco Galhardo prima pelo humor; a de Will Eisner, um dos mais reconhecidos quadrinistas do mundo, é uma obra-prima. Até os seis volumes de *Em busca do tempo perdido* possuem versão em quadrinhos, elogiados até pelos mais apaixonados e conhecedores da grande obra de Marcel Proust. Peter Kuper também levou para os quadrinhos todo o desencanto do autor de *A metamorfose*.

Nem só de adaptações vivem os quadrinistas. Vale a pena dar uma olhada nesse tipo de texto, principalmente naqueles que são a "ponta do gênero". As histórias em quadrinhos há muito flertam com a literatura e, desse modo, a relação entre imagem e texto deve ser explorada ao máximo, assim como a linguagem própria dos quadrinhos: presença da oralidade, dramaticidade hiperbólica, construção das personagens etc.

É por meio da busca do que é próprio da literatura que se constrói a vontade de ler. Daí a razão de se reavaliar o aspecto negativo

CAPÍTULO 6   O "Lugar Nenhum" da Literatura nas Aulas de Língua Portuguesa

da inserção da "cultura" dos paradidáticos e das adaptações, momento que antecede ao tratamento distinto do texto literário. Por isso, insistimos em práticas de leitura que sejam não o desvendamento de todos os sentidos, mas a reduplicação do instante de não entendimento. Pensemos em um livro como *Dom Casmurro*, de Machado de Assis. Quanta tinta já foi gasta para desvendar o segredo: Capitu traiu ou não? De fato nunca o saberemos. Tudo o que podemos fazer é nos tornar cúmplices das armadilhas que nos enveredam por esse mistério.

Outras tantas listas possíveis

Quando afirmamos o quanto é difícil fazer distinções, pensávamos nessa maneira singular que hoje temos de reconhecer nossas heranças e conviver com elas. Antes, era mais fácil identificar aquilo que devia ser lido, porque julgávamos saber o que permaneceria.

Os tempos são outros, a começar pela quantidade de livros em circulação. No Brasil, há quase tantas editoras quanto livrarias. A responsabilidade da escolha dobra e, para acatá-la, é necessário destruir alguns mitos, entre eles o de que nos falta tempo. Crentes nesse mito contemporâneo, levar livros para as aulas de leitura simplesmente para lê-los ou conversar sobre eles parece uma decisão descabida, porém a constituição de outras formas de leitura começa por aí.

Há outros mitos a serem destruídos. Como já dissemos, a função didática da literatura é um deles. De fato, os textos literários, indiretamente, apresentam concepções de vida e discutem a complexidade da existência, mas tal constatação não é a mesma que afirma "O texto aconselha isso". Por exemplo, nos contos de fadas, há todo um imaginário que, inclusive, se contrapõe ao contemporâneo, na medida em que se constituem pela função consolatória, porém essa é apenas uma das facetas a ser explorada. Os livros de Monteiro Lobato também apresentam forte temática moralizadora e nem por isso devem ser considerados ultrapassados, pela mesma razão que não devem ser lidos apenas por causa desse aspecto.

Outra crença é a de que os jovens não se interessam pelos livros clássicos porque são "clássicos". Não esqueçamos que boa parte do que hoje chamamos de "clássicos juvenis" foram livros populares à sua época. Obras como *Alice no país das maravilhas*, *Robinson Crusoé*, *Os três mosqueteiros*, *Vinte mil léguas submarinas*, *As aventuras de Tom Sawyer* e *Moby Dick* são empolgantes em qualquer época e para qualquer leitor.

Este é o momento propício para testar os interesses dos jovens em relação a textos de diferentes épocas e lugares. Como os currículos escolares, no Ensino Médio, dão ênfase aos escritores brasileiros por causa do vestibular, no Ensino Fundamental a literatura estrangeira pode ser o ponto de partida para um estudo comparativo de linguagens e culturas. Embora muitas dessas bibliografias já existam na escola, são, muitas vezes, no formato de adaptações, e não originais, pois são considerados difíceis ou extensos para alunos das séries do Ensino Fundamental.

Entretanto, se o objetivo é ler para (re)conhecer as diversas facetas que constituem o texto literário, não bastam os livros de aventura estrangeiros, mesmo que sejam atraentes nessa idade. Adentrar as especificidades do texto é, sobretudo, reconhecer seus espaços de conflito, os impasses, as mudanças, enfim, as diferenças de linguagem. Uma boa saída é explorar o vasto campo dos contos[3] (estrangeiros e brasileiros). Em um país com tradição tão consolidada nessa área, basta uma seleção criteriosa para mapear as convulsões de linguagem da literatura contemporânea.

---

[3] A lista de escritores que se dedicaram apenas ao conto é grande. A complexidade também varia muito: ao apresentar um autor como Jorge Luis Borges, não se deve levar *O jardim das veredas que se bifurcam*, mas contos como *Funes, o memorioso*, assim como vários de Murilo Rubião (*A casa do girassol vermelho*, *Bárbara*, *O pirotécnico Zacarias*) são estupendos e podem ser lidos nessa faixa etária. Há os romancistas, que são também grandes contistas: Machado de Assis, Clarice Lispector, Guimarães Rosa, Rubem Fonseca, Dalton Trevisan, Caio Fernando Abreu; sem enumerar as ótimas antologias de contos de diversos países e épocas disponíveis no mercado.

CAPÍTULO 6 O "Lugar Nenhum" da Literatura nas Aulas de Língua Portuguesa

A poesia também privilegia a inventividade e as rupturas, e talvez por isso tantos a considerem difícil. Há, então, um duplo percurso a ser seguido: torná-la mais lida (é notório o fato de praticamente não haver leitores de poesia) e, ao fazê-lo, desnaturalizar essa suposta dificuldade, para enfrentá-la como um elemento constitutivo da poesia. Nada é mais prejudicial à leitura de poemas do que querer, à força, ditar-lhe um significado quando o *grande lance* é deter-se no jogo de palavras. Na poesia brasileira, muitos poetas possuem uma linha discursiva, o que facilita o trabalho com poesia, como Drummond, Manuel Bandeira e Cecília Meirelles (com poemas, inclusive, destinados ao público infanto-juvenil).

Não é, pois, em nome da diversidade, do reconhecimento dos diversos "gêneros" textuais, como se fosse possível encaixá-los em uma forma, que devem ser lidas as diversas formas textuais. De nada vale uma bibliografia diversificada se não fortalecermos a concepção de literatura que rege nossas aulas. Para que ensinamos literatura aos jovens? Para ditar-lhes conselhos simplificadores ou para mostrar-lhes a complexidade do "corpo" textual? Para não haver dúvidas quanto à resposta, assinalamos o desejo de que, no futuro, seja possível compor listas de livros mais vendidos que não sejam determinadas pelas leis do mercado e, sobretudo, que cada vez mais haja pessoas que desejem usufruir o sempre raro e desconcertante prazer que é o (re)conhecimento do texto literário.

Atividade inspiradora

Para iniciar a atividade, transcrevemos duas entrevistas de jovens leitoras. O fato de as entrevistadas serem consideradas ótimas alunas e grandes leitoras torna ainda mais grave o que expõem. Não se trata de teóricos que tentam colocar a culpa nos professores, mas de alunas que, apesar de respeitá-los, fazem afirmações marcadas pelo desencanto, registrando o "lugar nenhum" da literatura.

Primeira entrevista, realizada por e-mail no mês de setembro de 2005, com a aluna Laura Riolfi Barzotto, que cursava a 4ª série (atual 5º ano) do Ensino Fundamental na cidade de São Paulo.

1. **As aulas contribuem para construir o seu gosto pela leitura de livros literários? Sim ou não? Diga por quê.**
   Gosto de ler desde muito pequena. Isso me faz sempre procurar bibliotecas e livrarias. Então, a escola de Campinas ajudou, porque lá tinha uma biblioteca bem grande e a gente estava sempre lendo e ouvindo histórias. Já a outra escola não, porque eu já gostava de ler e as condições da biblioteca são ruins. É uma sala apertada. A gente fica numa mesa com cinco alunos e a gente só pode entrar lá nas segundas-feiras. E tem segunda-feira que a gente não pode ler, porque é empréstimo. Daqui pra frente vou só falar desta última escola.

2. **Nas discussões em sala de aula, seus professores comentam bem os livros de literatura que recomendam?**
   Não. Quando a professora de Português lê poesias, por exemplo, ela faz a gente não querer prestar atenção por causa do jeito sem graça de ler. Não tem entonação nem nada. Falta emoção e alguma coisa para fazer as pessoas "entrarem dentro" do texto. Também, ela faz as falas tudo errado (sic). Fala sério! Ler fala de menina com voz grossa é demais! E ela nem tenta muito fazer as vozes, faz voz normal para tudo. Aliás, ela faz pouquíssimos comentários; ela diz "Vocês perceberam que aqui aconteceu x?", "Ele estava y e ficou x". Totalmente besta.

3. **Quais os livros que você leu por causa das aulas de Língua Portuguesa? De quais mais gostou?**
   Tire as patas, cara de requeijão! eu gostei, porque é intrigante. É tipo uma história de detetive. *Viagem ao centro da Terra* [(francês, não adaptado)] também é superlegal, afinal, uma viagem ao centro da Terra é muuuuuito interessante! O resto fica no grupo "Ai, o que eu li na escola...", sem comentários!

CAPÍTULO 6 O "Lugar Nenhum" da Literatura nas Aulas de Língua Portuguesa

4. De quais menos gostou, por quê?
   Pisando no mundo eu odiei porque é muuuito infantil, tem outros também que eu odiei, mas esse é o mais recente. Foi a professora que leu pra gente faz umas duas semanas, na "Hora da História". Tem um que parece chamar "A avó que tricota tricota" que é tão péssimo que eu esqueci o título correto.

5. Quais livros estão entre os seus preferidos? Você soube deles nas aulas destinadas ao ensino de literatura?
   A menina da sexta lua [italiano] eu ganhei de um amigo da minha mãe. Fui eu mesma quem escolheu, visitando livrarias. *Contos de fadas indianos* é da mamãe. Achei na estante dela. *A bolsa amarela* e *Angélica* são da família toda! Nem lembro quando os vi pela primeira vez.

6. Quer fazer mais algum comentário?
   Um último comentário é que adorava os livros que a gente mesmo confeccionava na escola de Campinas. E não ponha meu nome no seu trabalho, a professora me mata se ela descobrir. Ela é uma chata.
   Os livros estrangeiros que li e me lembro são *O jardim secreto*, e mais os dois que coloquei entre parênteses para você. *Mil e uma noites* é muito legal. Estou adorando o Edgar Allan Poe, embora uns pedaços deem medo. Pode ser que tenham outros que eu nem sei se são estrangeiros.

Segunda entrevista realizada por e-mail no mês de setembro de 2005, com a aluna Jéssica Lima Magalhães, que cursava o 3º ano do Ensino Médio em um colégio na cidade de Porto Velho, Rondônia.

1. As aulas destinadas ao ensino de literatura contribuem para construir o seu gosto pela leitura de livros literários? Sim ou não? Diga por quê.
   Não. Meu gosto por livros literários veio da minha família. Na escola, só recebia livrinhos sem graça e nunca era motivada a ir atrás de

> outros livros que fossem bons, como clássicos, lançamentos ou até mesmo um livro que a professora gostasse.
> 2. **Nas discussões em sala de aula, seus professores comentam bem os livros de literatura que recomendam?**
> Eles sempre montam debates feitos pelos alunos sobre os livros que recebíamos na escola ou, então, teatro; ou seja, não comentavam nem bem nem mal, não exprimiam a opinião deles; apenas faziam os resumos dos livros.
> 3. **Quais os livros que você leu por causa das aulas de Língua Portuguesa? De quais mais gostou?**
> Livros que gostei de 5ª a 8ª série[4] *A hora da verdade*, de Pedro Bandeira, *O príncipe e o mendigo* e *O mistério do apartamento sorriso*. Os que menos gostei eu não lembro...
> 4. **Quais livros estão entre os seus preferidos? Você soube deles nas aulas destinadas ao ensino de literatura?**
> Livros preferidos: *Ensaio sobre a cegueira*, de José Saramago, *Crime e castigo*, de Fiódor Dostoiévski e a trilogia *Fronteiras do universo*, de Philip Pullman. Não soube de nenhum deles pela escola. Todos quem indicou foi minha tia, ou a Rose, livreira que tinha aqui na cidade.
> 5. **Dá para ler clássicos na 8ª série[5]?**
> Depende de como foi antes a educação do aluno. Se sempre foi motivado a ler livros bons, com certeza vai querer ler um clássico na 8ª série; mas se é colocado, de repente, um grande livro na sua frente, não vai ter vontade de lê-lo. Tem gente que no último ano da escola não aguenta ler um livro de cem páginas, por mais que seja um livro importante, um clássico.

Ressaltamos que, embora sete anos de escolaridade separem as duas entrevistadas, as respostas apresentam muitos pontos em co-

---

[4] Atualmente, estas séries correspondem ao 5º a 9º anos do Ensino Fundamental (N.E.).
[5] Hoje, esta série corresponde ao 9º ano, conforme a Lei nº 11.274/06 (N.E.).

CAPÍTULO 6 O "Lugar Nenhum" da Literatura nas Aulas de Língua Portuguesa

mum. Comparar os depoimentos e extrair problemas que podem ser evitados nas aulas pode consistir em atividade inspiradora para o professor.

Após a leitura, marque cada uma das asserções com "muito importante", "importante" e "irrelevante", segundo as entrevistadas, para o desenvolvimento da prática de leitura nas aulas de Língua Portuguesa.

1) As condições materiais da biblioteca ou sala de leitura. (_____)
2) Facilidade de acesso ao material de leitura. (_____)
3) Divulgação para os alunos frequentarem a biblioteca ou a sala de leitura. (_____)
4) Realização de campanhas para que os alunos retirem livros nas bibliotecas. (_____)
5) Expressividade "artística" do professor ao ler um texto em voz alta. (_____)
6) Cuidado e acuidade por parte do professor ao comentar uma obra. (_____)
7) O professor saber comentar com propriedade os livros que lê e indica para os alunos. (_____)
8) O professor saber cantar uma canção de modo ritmado, da mesma forma como no CD original. (_____)
9) O professor saber escolher bem os livros para a leitura compartilhada com os alunos. (_____)
10) O número de páginas de um livro. (_____)
11) Os professores têm acesso a revistas especializadas em literatura. (_____)
12) A escola trata com responsabilidade os espaços para leitura. (_____)
13) O professor de Português gosta, realmente, de ler livros literários. (_____)
14) Aulas expositivas versando sobre a história da literatura. (_____)

15) Visitas monitoradas a bibliotecas. (_____)
16) A temática do livro deve restringir-se à realidade imediata do aluno. (_____)
17) Os professores saberem resumir obras literárias ofertadas aos alunos. (_____)
18) O percurso de leitura que cada aluno pôde construir. (_____)
19) A presença ou a ausência de ilustrações. (_____)
20) A facilidade e a atualidade da linguagem escrita da obra. (_____)

Por fim, uma reflexão suplementar: você teria qualificado as asserções do mesmo modo caso os depoimentos fossem de leitores com menor percurso de leitura?

Para ler mais sobre o tema

BRANDÃO, Helena; GUARACIABA, Micheletti (coord.). *Aprender e ensinar com textos didáticos e paradidáticos.* São Paulo: Cortez, 2001. v. 2. Os artigos analisam a presença dos livros didático e paradidático na sala de aula e sugerem algumas práticas. Por ser uma obra baseada em questões práticas, sua leitura auxilia na construção de atividades realizadas nas aulas de leitura.

CITELLI, Beatriz. *Produção e leitura de textos no ensino fundamental.* 2. ed. São Paulo: Cortez, 2001. (Aprender e ensinar com textos, v. 7). Utilizando textos narrativos, argumentativos e poéticos, essa obra desenvolve um estudo de caráter exploratório da prática de sala de aula da autora, oferecendo importantes reflexões acerca da leitura que se centraliza no aspecto verbal do texto.

MAGNANI, Maria do Rosário. (1989) *Leitura, literatura e escola.* 2. ed. São Paulo: Martins Fontes, 2001. Por meio de um percurso histórico-social, a autora propõe um tipo de abordagem da literatura infanto-juvenil de caráter interdisciplinar, considerando aspectos intratextuais, extratextuais e intertextuais. Referência na discussão sobre o ensino da literatura, é uma obra fundamental para aqueles que se ocupam das questões ligadas ao cotidiano do ensino de literatura.

ZILBERMAN, Regina. *A leitura e o ensino da literatura*. São Paulo: Contexto, 1988. Obra que analisa as mudanças que possibilitaram as novas metodologias implantadas no ensino de literatura a partir dos anos 1980. Importante para que o professor compreenda o estado de coisas que gerou o contexto atual no que tange aos elementos que influenciam o desenvolvimento da leitura.

Referências bibliográficas

ABRAMOVICH, F.; MARTINS, C. *Pisando no mundo*. São Paulo: Geração Editorial, 2003.

ADAMS, D. *O guia do mochileiro das galáxias*. Trad. Carlos Irineu da Costa. Rio de Janeiro: Sextante/GMT, 2004.

ASSIS, M. de. *Dom Casmurro*. Rio de Janeiro: Record, 1998.

BANDEIRA, P. *A hora da verdade*. São Paulo: Ática, 1998.

BOJUNGA, L. *A bolsa amarela*. Rio de Janeiro: Casa Lygia Bojunga, 2002.

_____. *Angélica*. 23. ed. Rio de Janeiro: Casa Lygia Bojunga, 2005.

BRANDÃO, H.; GUARACIABA, M. (coord.). *Aprender e ensinar com textos didáticos e paradidáticos*. São Paulo: Cortez, 2001. v. 2.

BROWN, D. *Anjos e demônios*. Trad. Maria Luiza Newlands da Silveira. Rio de Janeiro: Sextante, 2004.

_____. *Fortaleza digital*. Trad. Carlos Irineu da Costa. Rio de Janeiro: Sextante, 2005.

_____. *O Código da Vinci*. Trad. Celina Cavalcanti Falck-Cook. Rio de Janeiro: Sextante, 2004.

BURNETT, F. H. *O jardim secreto*. Trad. Ana Maria Machado. São Paulo: Editora 34, 1997.

CALDWELL, I.; THOMASON, D. *O enigma do quatro*. Trad. Lea P. Zylberlicht. São Paulo: Planeta do Brasil, 2005.

CARROLL, L. *Alice no país das maravilhas*. Trad. Nicolau Sevcenko. Scipione: São Paulo, 1986.

CITELLI, B. *Produção e leitura de textos no ensino fundamental*. 2. ed. São Paulo: Cortez, 2001.

COELHO, P. *O Zahir*. Rio de Janeiro: Rocco, 2005.

DEFOE, D. *Robinson Crusoé*. Trad. Celso M. Paciornick. São Paulo: Iluminuras, 2004.

DOSTOIÉVSKI, F. *Crime e castigo*. Trad. Paulo Bezerra. São Paulo: Editora 34, 2001.

DUMAS, A. *Os três mosqueteiros*. Trad. Octavio Mendes Cajado. São Paulo: Abril Cultural, 1971.

ENTRELIVROS. São Paulo, ano 1, n. 5, set. 2005.

FERREIRA, G. *As mil e uma noites*. Rio de Janeiro: Revan, 2000.

GALHARDO, C. *Dom Quixote em quadrinhos*. São Paulo: Peirópolis, 2005.

JACOBS, J. *Contos de fadas indianos*. Trad. Vilma Maria da Silva. São Paulo: Landy, 2001.

LOBATO, J. B. M. *Coleção Sítio do Pica-pau Amarelo*. São Paulo: Brasiliense, s/d.

MAGNANI, M. do R. (1989) *Leitura, literatura e escola*. 2. ed. São Paulo: Martins Fontes, 2001.

MANN, T. *A montanha mágica*. Trad. Herbert Caro. Rio de Janeiro: Nova Fronteira, 2006.

MÁRQUEZ, G. G. *Memórias de minhas putas tristes*. Trad. Eric Nepomuceno. Rio de Janeiro: Record, 2005.

MELVILLE, H. *Moby Dick*. Trad. Alex Marins. São Paulo: Martin Claret, 2004.

MOONY, W. *A menina da sexta lua*. Trad. Terezinha Monteiro Deutch. Rio de Janeiro: Best Seller, 2004.

PASQUAL, L. *O mistério do apartamento sorriso*. 16. ed. São Paulo: Atual, 2004.

PULLMAN, P. *A luneta âmbar*. Trad. Ana Deiró. Rio de Janeiro: Objetiva, 2002.

_____. *A faca sutil*. Trad. Eliana Sabino. Rio de Janeiro: Objetiva, 1999.

_____. *A bússola dourada*. Trad. Eliana Sabino. Rio de Janeiro: Objetiva, 1998.

RAMOS, G. *Infância*. São Paulo: Record, 2006.

ROWLING, J. K. *Harry Potter e a pedra filosofal*. Trad. Lia Wyler. Rio de Janeiro: Rocco, 2000.

RUBIÃO, M. *Contos reunidos*. São Paulo: Ática, 1997.

SARAMAGO, J. *Ensaio sobre a cegueira*. São Paulo: Companhia das Letras, 1995.

SOARES, J. *Assassinatos na Academia Brasileira de Letras*. São Paulo: Companhia das Letras, 2005.

STILTON, G. *Tire as patas, cara de requeijão!* São Paulo: Berlendis & Vertecch, 2002.

TITÃS. Lugar nenhum. *Jesus não tem dentes no país dos banguelas*. Rio de Janeiro: WEA, 1988. Disco sonoro.

TWAIN, M. *As aventuras de Tom Sawyer*. Trad. Pietro Nassetti. Rio de Janeiro: Ediouro, 2006.

_____. *O príncipe e o mendigo*. Trad. Alex Marins. São Paulo: Martin Claret, 2002.

VERNE, J. *Viagem ao centro da Terra*. Trad. José Alberto Fomm de Damasio. São Paulo: Hemus, 2005.

_____. *Vinte mil léguas submarinas*. Trad. José Gonçalves Villa Nova. São Paulo: Martin Claret, 2004.

YALOM, I. D. *Quando Nietzsche chorou*. Trad. Ivo Korytowsky. 12. ed. Rio de Janeiro: Ediouro, 2004.

_____. *A cura de Schopenhauer*. Trad. Beatriz Horta. Rio de Janeiro: Ediouro, 2004.

ZILBERMAN, R. *A leitura e o ensino da literatura*. São Paulo: Contexto, 1988.

CAPÍTULO 7
As especificidades do texto literário

Questão para reflexão

> *O delírio do verbo estava no começo, lá onde a*
> *criança diz: Eu escuto a cor dos passarinhos.*
> *A criança não sabe que o verbo escutar não funciona*
> *para cor, mas para som.*
> *Então se a criança muda a função de um verbo,*
> *ele delira.*
>
> Manoel de Barros

O trabalho com o texto literário afronta nossa crença na palavra exata. Faz da literatura uma palavra "em delírio", palavra corrompida. Essa afirmação instiga-nos a pensar sobre o trabalho de leitura analítica do texto literário nas aulas de Língua Portuguesa. Sendo assim, interrogamos:

> Ao analisar o texto literário, somos sensíveis o suficiente para perceber o "delírio das palavras" ou as "palavras em delírio" acabam sendo lidas no registro do discurso comum?

Estudando a teoria e os aspectos metodológicos

No capítulo anterior, quando nos contrapomos a alguns textos, formulamos distinções. Afirmamos que nem todo livro de ficção "merece" ser lido e estabelecemos que livros dirigidos a um consumidor que os escolhe pelo critério do entretenimento negam, em sua constituição, o próprio ser da literatura. Para irmos mais adiante, propomos uma reflexão sobre os modos de ler um texto dito literário, assumindo a hipótese de que a escolha de livros é uma ação política, uma vez que não há constituição da literatura sem a presença do leitor.

O ensaísta francês Roland Barthes afirmou certa vez que, se por "um excesso de barbárie todas as disciplinas devessem ser expulsas do ensino", a disciplina literária deveria "ser salva", uma vez que comporta todos os outros saberes; entretanto, o mesmo autor nos alerta que ela o faz de modo indireto. Assim, quando em um texto buscamos apenas os "objetos diretos" da vida, incorremos noutra espécie de barbárie: esquecer que o texto literário, ainda nas palavras de Barthes, revira a linguagem, e não simplesmente a representa.

"Para saber a resposta, vide-o-verso" ou para ler, "paciência"[1]

Relacionar o tema de um texto com a vivência cotidiana é uma das chaves analíticas mais comuns em sala de aula. Esse fato expõe uma fragilidade de análise que é, por falta de expressão melhor, constituída historicamente. Vejamos por quê.

Como um dos mitos mais arraigados no Ensino Fundamental e Médio é a oposição entre teoria e prática, com o consequente abandono de qualquer leitura que não seja "aplicável", há o uso excessivo das fichas de leitura que acompanham os livros didáticos e paradidáticos. Ao serem adotados modelos de análise que não advêm da expe-

---

[1] Os trechos entre aspas são da música *Diariamente*, de Nando Reis, interpretada por Marisa Monte, no CD *Mais*.

riência de leitura, forja-se uma prática superficial, em que a mediação ocorre não entre o professor e o aluno, mas tão-somente entre a ficha de leitura e o aluno.

Não há prática desprovida de concepção teórica, daí porque o mito que alimenta essa oposição contribui para que algumas leituras não ultrapassem o senso comum. Uma das caricaturas desse tipo de leitura são as expressões "o texto fala" e "o texto diz", presentes, inclusive, em muitos livros didáticos. Tais expressões se desdobram em comentários como: "O texto fala sobre a história de duas meninas; uma que era muito boazinha e bonita e outra que era feia e má... É uma história que podia acontecer com qualquer um..." (observações de uma professora sobre o conto *Felicidade clandestina*, de Clarice Lispector). Comentários desse tipo, semelhantes aos que os próprios alunos porventura fariam, não se afastam do discurso comum. Não é verdadeiro nem falso, é apenas inconsistente, uma vez que não explora nada além do tema.

Não se trata, no entanto, de impor um discurso teórico a adolescentes que ainda estão constituindo percursos de leitura, e sim de ofertar conhecimento a fim de que percebam a literatura como um "acontecimento" em que se pensa o discurso de maneira diversa ao que lhe é comum. Intuitivamente, os alunos já têm essa percepção: quando leem *A bolsa amarela*, de Lygia Bojunga, ou *O caneco de prata*, de João Carlos Marinho, identificam-se com a história não somente porque estão lendo sobre personagens que lhes parecem familiares, mas também porque as reconhecem na sua diferença de seres de papel, vivendo aventuras que eles mesmos não vivem. Essas diferenças constituem a literatura e, portanto, existem várias razões para se ler e variadas maneiras de leitura. São essas as variações que constituem as definições moventes do texto literário.

Ler para reconhecer a inquietação das palavras

Ora, sabemos que não há uma resposta prévia, incontestavelmente estabelecida, para definir o termo literatura. O escritor norte-americano Jonathan Culler afirma que a pergunta "O que é literatura?" pede não uma definição, mas uma análise sobre por que alguém poderia, afinal, se preocupar com a literatura" (1999, p. 28). Um dos desdobramentos dessa preocupação talvez deva começar pelo pacto de que há nesses textos um trabalho com a linguagem que chama continuamente a atenção sobre si.

Estamos, pois, diante de uma primeira chave de leitura, ao considerarmos que a literatura se compromete, antes, com a própria linguagem e seu trabalho incessante sobre os sujeitos que a ela se fazem permeáveis. Faz parte da especificidade do exercício da profissão de professor ser sensível aos esforços daqueles que trabalham a palavra de modo diferenciado.

Reconhecer esse trabalho exige colocá-lo em movimento. É o que alguns chamam de fruição do texto literário. Palavra inadequada, às vezes, mas que tem a vantagem de exprimir que a literatura não existe por si só, pois demanda uma espécie de boa vontade, uma disposição política de tratá-la como tal. Podemos simplesmente ignorar que há na literatura uma questão própria a ser tratada, mas precisamos estar cientes de que, nesse ponto, ela deixa de ser literatura. É o que, entre outras coisas, nos diz Manoel de Barros: a literatura exige o "delírio" do verbo pelo mesmo gesto que faz o verbo "delirar". Delirar pode ter um sem-fim de sentidos, e é esse sem-fim de sentidos que espera ser revirado.

Para trazer à tona a "espécie de opacidade e de deformação" contida no texto literário, é necessário, antes, não exigir dela um "puro discurso de ideias" (Barthes, 1997), ou seja, não imaginar que ela serve, simplesmente, para nos dar respostas sobre as demandas do mundo. Ela também o faz, mas não mediante uma caricatura deformada de suspensão de problemas. Se assim fosse, o que faríamos com toda a literatura que coloca em evidência não a figura do herói, mas a do anti-herói envolto em dúvidas, espasmos e ações contraditórias? Se não aceitarmos a literatura como o lugar em que são encenadas essas contradições, poderá ela existir como legado cultural?

CAPÍTULO 7 As Especificidades do Texto Literário

Ler para (re)conhecer os textos que constituem nosso legado cultural

Há um conjunto de textos, por razões muitas vezes extratextuais, que constituem o legado cultural da humanidade. Por exemplo, se pensamos na literatura russa, é impossível não mencionarmos Fiódor Dostoiévski; na francesa, Marcel Proust e, na brasileira, Machado de Assis. O modo como esses autores se tornaram referência literária em seus países e, consequentemente, no mundo, faz parte da história da literatura. A nós, interessa saber que nos cabe, se quisermos ser bons leitores, reconstituir as pegadas dessa história.

O escritor italiano Umberto Eco define a literatura como um "complexo de textos que a humanidade produziu e produz não para fins práticos (...), mas antes *gratia sui*, por amor de si mesma – e que se leem por deleite, ampliação dos próprios conhecimentos, talvez por puro passatempo (...)" (2003, p. 9), pondo em evidência essa teia de textos que constitui o nosso legado. Um dos modos de identificá-lo é considerar as leituras precedentes, no que elas são definidoras do lugar ocupado por essas obras, uma vez que os textos trazem consigo a herança das outras leituras. Um texto é literário, inclusive, porque um punhado de outros textos assim o afirmou.

Italo Calvino, outro grande escritor, também afirma que, na leitura, tanto dos textos clássicos quanto dos modernos, não temos como ignorar as leituras precedentes. Na impossibilidade da palavra primeira, a nossa está condenada a fazer parte de uma rede de interlocuções, de diálogos com outras palavras. A leitura só se expande quando é acréscimo de outras, pois "o texto não fala" sozinho; chega até nós trazendo outras "pegadas"[2].

---

[2] "Isso vale tanto para os clássicos antigos quanto para os modernos. Se leio a *Odisseia*, leio o texto de Homero, mas não posso esquecer tudo aquilo que as aventuras de Ulisses passaram a significar durante os séculos e não posso deixar de perguntar-me se tais significados estavam implícitos no texto ou se são incrustações, deformações ou dilatações. Lendo Kafka, não posso deixar de comprovar ou de rechaçar a legitimidade do adjetivo kafkiano, que costumamos ouvir a cada quinze minutos, aplicado dentro e fora do contexto" (Calvino, 1993, p. 11).

Parece-nos, então, que reconhecer o "delírio" do texto literário é encenar esse diálogo no momento da leitura desde as séries iniciais. Tal atitude tem como consequência pôr os textos em contato incessante com as leituras que se fizeram deles, não em uma posição de autoridade discursiva, mas como abertura para a encenação imposta pelos próprios textos. Nada mais fácil de ser feito hoje, tendo acesso à Internet, do que travar esses diálogos.

No entanto, não devemos identificar a nossa herança apenas com o cânone literário. Coerentes com a ideia de que não é ético tentar pasteurizar os modos pelos quais um homem goza, escolhemos uma via generosa. Adotar uma concepção de literatura consiste em criar uma espécie de balaio no qual são incluídos vários gostos literários: há leitores apaixonados por Machado de Assis e há aqueles que, embora encantados com o velho bruxo, só de vez em quando acolhem para si algum dos seus livros. Há os que leem Rubem Fonseca e outros que não suportam tanto sangue revestido de citação literária. Ainda há os que recitam de cor versos inteiros de poemas e outros que passam longe da poesia.

Assim, ler para reconhecer um legado é, inclusive, opor-se, ao entrar em contato com ele.

Ler para contestar o legado cultural

Encenar o diálogo da sua leitura com a de outrem não é aceitar passivamente tudo que lhe é colocado como "verdade". Essa passividade serve apenas para imprimir a insígnia da obrigatoriedade do "gosto". Nos últimos 20 anos, muita bibliografia (algumas bastante competentes) e mesmo as propagandas oficiais investiram (e ainda investem) nesse ponto. O problema, no entanto, é chegar à conclusão simplória de que todo livro, por ser indicado pelos *experts* no assunto, deva ser tratado com reverência.

A questão do gosto passa pela necessidade de refletir, primeiro, sobre o que e como os alunos leem, considerando que não se trata simplesmente de construir uma "nação" de leitores, como se isso fosse a solução de todos os males. Antes, trata-se de criar, com o aluno, a possibilidade de reconhecer, ler e interpretar um texto literário.

Somente com a constituição de um conjunto de critérios é possível pensar uma política de criação do gosto pela literatura. Lembramos agora da utopia de que "ler" deveria ser um verbo intransitivo, pois considerar a intransitividade dessa ação implica investir na formação de leitores que tenham, inclusive, critérios próprios para se posicionar diante de qualquer texto, por mais canônico que seja, e dizer se ele lhe agrada ou não, e por quê.

Aliás, boa parte dos chamados "grandes" livros não agrada de jeito nenhum, se dermos ao verbo agradar o sentido de "causar satisfação, dar prazer, satisfazer, deleitar" (Houaiss, 2004). Ninguém decide ler, por exemplo, qualquer um dos livros de Kafka para se sentir bem. Mesmo muitos livros infanto-juvenis costumam mostrar que "o tempo não está para brincadeira", como diz um velho ditado.

O gosto pela leitura deve invocar, inclusive, o "desgosto". Um bom ponto de partida é se perguntar por que determinados livros nos parecem tão desagradáveis, tão estranhos. A estranheza geralmente faz parte do projeto de escrita e deve, por isso, ser considerada no momento da leitura.

Ninguém é obrigado a gostar desse tipo de livro, mas, durante a formação do leitor, tomar conhecimento de textos convulsos, que estão à beira do precipício (lembremos os livros de Raduan Nassar, Clarice Lispector e Lúcio Cardoso, entre outros), contribui para o salto dos livros de aventura para os, digamos, reflexivos. Um dos objetivos, ao ler um texto "estranho", é, inclusive, não camuflar esse estranhamento. Ao escolher trabalhar com esse tipo de texto, o professor não pode naturalizar o espanto dos alunos, fingindo que ele mesmo não se espanta.

Ler para compor a estrutura da narrativa

Uma das maneiras de não aderir, sem reflexão, à ditadura do gosto é afastar-se do idealismo sem base e recorrer à velha e sempre boa posição de investigador. Para tanto, a pergunta recorrente "O que diz o texto?" pode ser substituída por outra que especifique de modo mais abrangente sua complexidade, de tal forma que saber o que "o texto diz" seja apenas o primeiro passo para saber "como o texto diz o que diz". Nesse "como" devem estar inseridas todas as abordagens que possibilitem tratar o texto em seus aspectos textuais, intertextuais e contextuais.

Ainda causa espanto afirmar que perguntas como a primeira – e suas variantes "Qual o título do texto?" e "Qual o autor do texto?" – não fornecem base para uma efetiva leitura, uma vez que não respondem às questões essenciais suscitadas pelo texto. O espanto não vem do nada. Os livros didáticos, por exemplo, estão repletos desses questionamentos sem importância.

No texto literário, mesmo quando lemos uma receita ou uma carta, elas estão cumprindo outra função. Por exemplo, a carta que Madalena escreve para Paulo Honório antes de se suicidar é uma espécie de fantasma e fio condutor do belíssimo e inquietante *São Bernardo*, de Graciliano Ramos. É o não entendimento, a culpa que nasce desse ato de Madalena, e a busca por respostas, que lançam o protagonista na escrita da história que lemos. Se é assim, a carta, nesse livro, pede para ser investigada para além dos parâmetros de correspondência, na medida em que é o próprio símbolo da incapacidade de comunicação entre os protagonistas.

A literatura é uma espécie de vários mundos. Daí porque cabe observar os elementos textuais desse mundo. No Ensino Fundamental, essa base é imprescindível. O aluno, ao se familiarizar com a estrutura narrativa, começa a perceber as diferenças entre os textos, a construir sentidos e estabelecer pontes para o diálogo incessante que a literatura mantém com as formas do mundo e suas próprias formas.

A estrutura de uma narrativa, seja conto, seja romance, pode ser resumida em poucas palavras: *alguém narra determinado tempo da história de uma pessoa que vive em algum lugar*. Entretanto, as variações são muitas; as narrativas, diversas. Logo aparecem as complicações, e por isso um resumo diz muito pouco sobre uma narrativa. Na história da literatura, destacar os elementos próprios de uma narrativa advém justamente da necessidade de não ler os textos tendo como único critério o autor, a sua época e a superfície textual. Há muitos livros que conceituam cada um desses elementos, mas é comum que alunos cheguem ao último ano da escola sem reconhecê-los, resultando daí várias dificuldades de leitura.

Entretanto, não é suficiente abordar o texto literário unicamente em relação a seus elementos estruturais. Essa identificação é apenas uma das formas de afastar o texto do mero conteúdo. Perguntas feitas para identificar a personagem principal ou para saber se o tempo é cronológico ou psicológico não fazem sentido se não vierem acompanhadas da reflexão sobre a sua importância no desenvolvimento da narrativa.

Ler para discutir o tema

Em um texto como *Alice no país das maravilhas*, de Lewis Carroll, nada é convencional. O estado de sonho é experimentado desde o momento em que Alice vê o coelho branco de olhos cor-de-rosa correndo apressado. Evidentemente, um coelho com tal descrição não causa nenhuma surpresa, mas, depois disso, tudo é estranhamento, novidade, diferença. Nessa diferença, pode surgir o tema. Uma questão que poderia ser suscitada na leitura desse livro e de outros é a capacidade de as palavras inventarem mundos tão diferentes do chamado mundo real, como se não fosse nada *muito* extraordinário. O estudo dos elementos estruturais (enredo, narrador, personagem, espaço, tempo) serviria, nesse ponto, para realçar o espanto da existência de um mundo às avessas, em que as leis, a começar pelas leis do tempo, são todas regidas pela anarquia dos mandos e caprichos da rainha de carta de baralho.

Exploradas todas as possibilidades desse mundo transgressor, outras questões poderiam ser pontuadas, advindas também do texto, mas com a aura de pergunta característica da literatura, e não de afirmação. A própria retórica de Alice se põe em movimento por meio da dificuldade do dizer "Quem é você?", pergunta da lagarta à atônita Alice. E como se quisesse pôr em destaque a complexidade de tal pergunta, ela não responde com um simples "Estou bem" ou "Estou confusa", mas levanta outras ainda mais difíceis de serem explicadas: "Não me lembro mais das coisas como antes (...) e não conservo o mesmo tamanho nem por dez minutos" (p. 63) é o que diz Alice, marcando a sua dificuldade diante de tantas mudanças em tão pouco tempo.

É, pois, essa indeterminação da identidade, a desnaturalização das verdades, o desnudamento do que apenas aparentemente é simples que está em jogo nos textos literários. É levando em conta essa indeterminação que um tema pode ser mote para discussão nas aulas de Língua Portuguesa. Haveria, pois, um movimento contrário. Não se escolheriam textos por tratarem de determinada problemática, como violência, racismo, problemas na família; esses temas seriam colhidos em um momento posterior, considerando a especificidade como são tratados no *texto da vez*.

Não há dúvidas de que a literatura mantém diálogo incessante com as convulsões do seu tempo e dá seu testemunho tocando em pontos nevrálgicos da complexidade das relações humanas. Para muitos, essa é a principal razão por que (ainda) vale a pena se preocupar com algo tão distinto da utilidade como a literatura. O que não deve ser esquecido é que, quanto mais levamos textos para a sala de aula e mais desenvolvemos uma leitura analítica que põe em movimento o "delírio das palavras", mais o aluno entra em contato com as suas especificidades, construindo um tipo de enciclopédia que lhe permite o diálogo incessante com outros textos.

Ler "tudo ao mesmo tempo agora"

Para fins didáticos é que separamos em blocos modos distintos de ler. Quando lemos, um modo se entrelaça a outro, complementa o outro, sem uma hierarquia definida e estanque. Nosso intuito foi realçar as possibilidades abertas ao buscar em um texto aquilo que o constitui como tal.

A leitura sempre foi razão para as mais diversas teses e os mais emocionantes depoimentos. Em um tempo em que, indiscutivelmente, a leitura literária tem-se restringido cada vez mais a pequenos grupos, dando-lhe um aspecto *démodé*, é sempre bom reafirmar que cada esforço de leitura é, antes, tentativa de compreensão e interferência, seja naquilo que constitui o texto, seja naquilo que ele ajuda a desnaturalizar, por exemplo, as nossas certezas.

Atividade inspiradora

Iniciamos este capítulo interrogando a nossa capacidade de percebermos o "delírio das palavras". Insinuamos que, muitas vezes, as "palavras em delírio" permanecem invisíveis, pois são lidas no registro do discurso comum.

Quem já experimentou o difícil lugar de professor de literatura para crianças e jovens concorda que é difícil desprendê-los das palavras, geralmente tomadas como mero utensílio para a comunicação, e levá-los a alçar voo em direção a uma experiência mais corporal – aproveitando desde já uma metáfora mobilizada a seguir.

Um aspecto curioso: o jovem, ao deparar com o texto literário, esquece que pode brincar. Iremos, agora, narrar uma sequência didática, com duração de três aulas, por meio da qual relembramos essa possibilidade.

Brincando com as imagens construídas pelas palavras

Objetivo: Mostrar que a palavra "em delírio" constrói mundos possíveis e nos dá instrumentos para ressignificar a realidade e a própria literatura. A ideia é reconhecer os processos de escrita do texto literário utilizando um texto já pronto e outro texto construído pelos alunos, fazendo da atividade um laboratório em que ao mesmo tempo se estudem e se pratiquem os elementos próprios da literatura.

Como as crianças podem ser incrivelmente criativas quando permitimos, na elaboração dessa atividade pedimos ajuda a Domenico Barzotto, de cinco anos. Para instigá-lo a criar imagens com palavras, narramos a seguinte história: "Um pescador se encontrava perdido no meio do mar. Tinha sobrevivido a uma forte tempestade. Estava amedrontado. De repente, olhou para o fundo, e sabe o que ele viu? A coisa mais absurda do mundo!". Nesse ponto, pedimos a ele que continuasse a história e fomos atendidos com a seguinte imagem: "Ele viu uma baleia, com brincos de argola nas orelhas, um *piercing* gigante no umbigo e a seguinte tatuagem na barbatana: 'Eu sou um tubarão-martelo'".

Esse foi o mote inicial da narrativa que serve de exemplo para a realização da atividade.

> **Delírio em alto-mar**
>
> Um pescador se encontrava perdido no meio do mar. Tinha sobrevivido a uma forte tempestade. Estava amedrontado. De repente, olhou para o fundo, e sabe o que viu? A coisa mais absurda do mundo: uma baleia com brincos de argola nas orelhas, um *piercing* gigante no umbigo e a seguinte tatuagem na barbatana: "Eu sou um tubarão-martelo". O pobre-diabo não sabia se ria ou chorava. Estava com sede, fome, talvez com um início de insolação, porém a curiosidade era mais forte e ele olhou mais uma vez. Agora, a imagem o surpreendeu ainda mais, pois a cena com a qual se deparou era: ...

Passos para a realização da atividade:

- Apresentar a narrativa aos alunos e pedir que lhe dêem continuidade oralmente. A narrativa deve ser escrita no quadro no momento da construção e, depois, deve ser copiada pelos alunos.

- Discutir com os alunos o processo de escrita de uma narrativa (as retomadas, as dificuldades, os apagamentos, as correções, a escolha das palavras).
- Introduzir um texto literário com distribuição de cópias (para exemplificação, escolhemos o poema *O albatroz*, de Charles Baudelaire, mas outros podem ser escolhidos).

O albatroz
(Charles Baudelaire)

Às vezes, por prazer, os homens de equipagem
Pegam um albatroz, enorme ave marinha,
Que segue, companheiro indolente de viagem,
O navio que sobre os abismos caminha.
Mal o põem no convés por sobre as pranchas rasas,
Esse senhor do azul, sem jeito e envergonhado,
Deixa doridamente as grandes e alvas asas
Como remos cair e arrastar-se a seu lado.

Que sem graça é o viajor alado sem seu nimbo!
Ave tão bela, como está cômica e feia!
Um o irrita chegando ao seu bico um cachimbo,
Outro põe-se a imitar o enfermo que coxeia!

O Poeta é semelhante ao príncipe da altura
Que busca a tempestade e ri da flecha no ar;
Exilado no chão, em meio à corja impura,
As asas do gigante impedem-no de andar.

- Fazer a leitura do poema destacando os seus elementos próprios. O professor poderá distribuir, separadamente, quadros que contenham as definições e os elementos tanto da poesia como da narrativa.
- Em seguida, discutir os modos pelos quais Baudelaire construiu a imagem do albatroz fazendo a comparação com a his-

tória criada pelos alunos. Essa discussão deve evidenciar as diferenças entre um texto criado por um poeta (elaborado com "fins literários") e um texto criado por não-poetas – no caso, os alunos. Não faz mal se acharem a narrativa que eles mesmos produziram mais legal que a de Baudelaire. É um ótimo momento para conversar sobre a dificuldade de leitura do poema e de onde se origina essa dificuldade (Do leitor? Da poesia? Haverá uma "vontade" no poema em não dizer tudo?).

- Reintroduzir o bom humor na jogada com a recriação do poema de Baudelaire pelos alunos, mas tendo também como mola propulsora a imagem que originou a narrativa – "Ele viu uma baleia, com brincos de argola nas orelhas, um *piercing* gigante no umbigo e a seguinte tatuagem na barbatana: 'Eu sou um tubarão-martelo'". É o momento de estudar as diferenças entre os elementos da narrativa e os da poesia, uma vez que os alunos terão de misturá-los na escrita de seus poemas.
- A partir daí, a sequência didática pode ter desdobramentos: a leitura dos poemas feitos pelos alunos; em seguida, outra comparação entre os poemas dos alunos e o de Baudelaire; a busca por outros poemas do mesmo autor ou que tratem do mesmo assunto etc.

Para ler mais sobre o tema

BARTHES, Roland. *Aula*. Trad. Leyla Perrone-Moisés. São Paulo: Cultrix, 1996. Esse livro é a transcrição da aula inaugural de Barthes no Collège de France, uma inteligente reflexão sobre a literatura. Ao escolher como sua "língua natural" a literatura, o autor não se contenta em observar os contornos já definidos; ele perscruta, questiona e expõe o seu traço mais definidor: a linguagem. Embora não seja uma obra que discuta a literatura na escola, a sua leitura contribui para desmistificar alguns mitos acerca do texto literário.

COMPAGNON, Antoine. A literatura. In: *O demônio da teoria*. Trad. Cleonice Paes Barreto Mourão e Consuelo Fortes Santiago. Belo Horizonte: UFMG, 1999, p. 29-46. O autor especula, com base em dicotomias (extensão e compreensão; função e forma; forma do conteúdo e forma da expressão), modos de definir um texto literário. Trata-se de um texto que aborda a questão da literatura considerando suas próprias especificidades.

CULLER, Jonathan. O que é literatura e tem ela importância?. Trad. S. Vasconcelos. In: *Teoria literária:* uma introdução. São Paulo: Beca Produções Culturais, 1999, p. 26-47.
Nesse artigo, o autor discute as implicações de considerar um texto literatura, examinando pontos tradicionalmente relacionados à natureza do texto literário. Culler discute questões de forma original, na medida em que relaciona questões comuns à contemporaneidade.

GANCHO, Cândida Vilares. *Como analisar narrativas*. 8. ed. São Paulo: Ática, 2004. Apresenta os modos de analisar textos literários. Examina, inicialmente, as especificidades do gênero épico, passa pelos elementos da narrativa e pelos discursos terminando com a apresentação de um roteiro prático de análise. A autora procura associar a clareza no tratamento dos conceitos a uma seleção de textos literários que corresponde à necessidade de compreensão do leitor.

Referências bibliográficas

BARROS, M. de. *O livro das ignorãças*. 10. ed. Rio de Janeiro: Record, 2001.

BAUDELAIRE, C. O albatroz. In: *As flores do mal*. Trad. Guilherme de Almeida. Rio de Janeiro: José Olympio, 1944.

BOJUNGA, L. *A bolsa amarela*. 7. ed. Rio de Janeiro: Agir, 1985.

CALVINO, I. *Por que ler os clássicos*. Trad. N. Moulin. São Paulo: Companhia das Letras, 1993.

CARROLL, L. *Alice no país das maravilhas*. Trad. C. P. B. Mourão. Porto Alegre: L&PM, 1999.

COMPAGNON, A. A literatura. In: *O demônio da teoria*. Trad. Cleonice Paes Barreto Mourão e Consuelo Fortes Santiago. Belo Horizonte: UFMG, 1999, p. 29-46.

CULLER, J. O que é literatura e tem ela importância?. In: *Teoria literária*: uma introdução. Trad. S. Vasconcelos. São Paulo: Beca Produções Culturais, 1999, p. 26-47.

ECO, U. Sobre algumas funções da literatura. In: *Sobre a literatura*. Trad. Eliana Aguiar. Rio de Janeiro: Record, 2003, p. 9-21.

GANCHO, C. V. *Como analisar narrativas*. 8. ed. São Paulo: Ática, 2004.

HOUAISS, A. *Dicionário Houaiss da língua portuguesa*. Rio de Janeiro: Objetiva, 2004.

LISPECTOR, C. *Felicidade clandestina*. Rio de Janeiro: Rocco, 1998.

MARINHO, J. C. *O caneco de prata*. São Paulo: Global, 1994.

RAMOS, G. *São Bernardo*. Rio de Janeiro: Record, 2003.

REIS, N. Diariamente. *Mais*. Rio de Janeiro: EMI, 1991. CD.

PARTE III
Ensinar a escrever

CAPÍTULO 8
Especificidades do ato de ensinar e aprender a escrever

Questão para reflexão

Vários daqueles que se dedicam profissionalmente à literatura descrevem o exercício da escrita como um ato singular que exige e produz mudanças em quem o realiza.

As transformações e as especificidades que acompanham a produção da escrita nos levam a pensar no papel que exercem o sujeito que ensina e o sujeito que aprende. Com base nesse posicionamento, propomos a discussão a seguir:

> As atividades de escrita propostas nas aulas de Língua Portuguesa possibilitam que o aluno refine as operações que realiza no tocante à linguagem (pré-requisitos para escrever) ou não produzem efeitos na relação do sujeito com a escrita?

Estudando a teoria e os aspectos metodológicos

Neste capítulo, discorreremos sobre alguns aspectos que envolvem o ensino e o aprendizado da escrita. O ponto de partida para a presente reflexão é o fato de que hoje escrever exige dos sujeitos que ensinam e dos que aprendem um convívio paradoxal e singular com a linguagem escrita. Baseamo-nos no pressuposto de que, em razão da instabilidade e da efemeridade que marcam a condição humana na contemporaneidade, aprender e ensinar a escrever são duas práticas culturais que perderam a centralidade na vida das pessoas.

Trataremos, portanto, de uma questão que concerne tanto ao aluno como ao professor: qual o sentido de aprender a escrever? Ancorados na concepção de que precisamos redescobrir a magia e a imprevisibilidade que sempre estiveram presentes no ato de escrever – características que o imperativo utilitarista que constitui as atividades humanas fez submergir –, desejamos abordar questões de ordem metodológica a respeito dos conhecimentos necessários para construir um texto.

Ponto de partida, possíveis pontos de chegada

O primeiro ponto de sustentação do paradoxo a que nos referimos – a escrita como um bem social de grande valor – sempre teve como objetivo colocar ordem na desordem, impor limites e estabelecer regras para o funcionamento das trocas sociais. Rama, em *A cidade das letras* (1995), ao falar sobre a língua utilizada para estabelecer o processo de colonização da América Latina, afirma que, no que se refere ao papel que a língua assumiu na história do povo latino-americano, trata-se de uma sociedade construída sob o signo da exclusão. Isso porque a fala sempre foi identificada com a desordem, a fragmentação e a invenção constantes, ao passo que a escrita foi posta como mecanismo de fixação das leis e estabelecimento da ordem.

Diante da concepção de que a fala representa a desordem e a fluidez e de que a memória humana é efêmera, historicamente, o registro escrito firmou-se ancorado na definição de certo e de errado. Daí foi fácil identificá-lo como representante da gramática da língua que deve ser seguida, estabelecendo, sobretudo, uma oposição entre oral e escrito. Ao se criar uma ordem em que significantes e signifi-

CAPÍTULO 8 Especificidades do Ato de Ensinar e Aprender a Escrever

cados tinham lugares definidos, o objetivo principal foi "definir, orientar e projetar as realizações humanas, enfim, reger a mutante vida dos homens e seus signos" (Geraldi, 2003, p. 679).

Manguel (2002), autor envolvido amorosamente com os chamados grandes livros, afirma que o surgimento da escrita apresenta uma outra face: a intangibilidade. Além de estabelecer regras e possibilitar o exercício de poder, ela se constitui em um lugar onde o ser humano consegue criar condições para superar o tempo e, inclusive, as vicissitudes da morte. A escrita pressupõe um leitor com liberdade de movimento. Se um dia foi a arte de criar signos e mensagens, precisava de um mago/leitor que a interpretasse para produzir sentidos.

Eis aqui o segundo ponto de sustentação do paradoxo, pois, embora pensado para estabelecer controles, o gesto de escrever, em sua gênese, pressupõe um leitor que o interprete, independentemente da presença de seu criador. Como se trata de um acontecimento que se realiza na linguagem e por meio dela, a produção de sentidos de uma peça escrita é o lugar do imprevisível, é campo movediço. Não há formas seguras e garantias de que em um texto escrito exista somente aquilo que se quis escrever.

Esse caráter mágico da escrita atravessou o tempo. Escrever sempre exigiu cuidado, já que as palavras têm a terrível força de dizer além do que se quis dizer. A escrita guarda um caráter silencioso até o momento de sua revelação. Quando posta a nu, quando entregue para o outro, ela trabalha, desnuda, traz à tona o dito e o não dito.

Nos dias atuais, com o avanço das tecnologias e a supremacia da lógica de mercado, que passaram a reger nossas atividades, a escrita se transformou em objeto de consumo com valor definido. A tecnologização da palavra impôs o esvaziamento e a previsibilidade na produção de seus sentidos. Vivemos sob os imperativos de ter de aprender a escrever para fazer alguma coisa, para responder a uma demanda de mercado. Como ele é sempre veloz, exige novidade e avanços constantes que impliquem sempre economia de tempo e dinheiro, escrever tornou-se uma técnica que está na contramão do nosso tempo.

Como consequência, vivemos uma situação também paradoxal: ao mesmo tempo em que "saber escrever" continua sendo importantíssimo, por exemplo, para o ingresso e permanência nos mais variados ramos profissionais, o ato em si tem estado cada vez menos presente nas atividades comuns de um jovem. A escrita formal tornou-se uma atividade desnecessária. Acrescente-se a isso o fato de o jovem não ter uma relação "amorosa" com os grandes escritos da tradição literária, o que poderia levá-lo a perceber a importância da escrita por outro viés. Decorre disso a importância de o professor interrogar-se: por que ensinamos? Que conhecimentos o aluno precisa construir para que saiba escrever um texto, e não um amontoado de palavras soltas no papel?

Para tanto, defendemos a necessidade de ressignificar as práticas de ensinar e as razões para aprender a escrever nos dias atuais; de fazer com que se compreenda a língua escrita não como uma representação da fala, mas como uma ordem distinta de uso da língua; e, principalmente, de que o ato de ensinar a escrever carece de arte e de responsabilidade da parte de quem ensina e de disponibilidade para mudanças da parte de quem aprende.

Especificidades da fala e da escrita

Há mais de um século, no seio da ciência linguística, superamos a ideia equivocada de que a escrita é a representação gráfica da fala. Nos dias atuais, existe um consenso de que, para entender as especificidades da fala e da escrita, é insuficiente promover uma distinção estanque entre essas modalidades ou então persistir na defesa de que a escrita é uma simples transposição da fala. Aquela não é uma réplica desta e, para confirmar essa afirmação, anexamos a transcrição aproximada de um relato oral feito em aula por um aluno de seis anos de idade. Ressalte-se que, pelos retornos da professora, é possível depreender que, no ato da fala, não houve problemas de compreensão entre os interlocutores.

CAPÍTULO 8 Especificidades do Ato de Ensinar e Aprender a Escrever

> [...] **Aluno:** eu tenh- um meu cachorrinho pequeno (.) ele é:h
> é:h desse tamanho o::h ((fala acompanhada de gesto)) quando
> nós tava em casa (.) a minha mãe o meu irmão (.)
> nós tava chegano em casa (.) sabe tia:: aí ele ai ele ele começou latir (.)
> ele latiu alto assim
> o :h/ ele fazia assi- au/au/au/ veio (.) ele
> saiu no portão veio correno (.) quando (.) ele ele
> veio o carro (.) aí ele ai ele (.) correu latino\a minha mãe brigou (.) ele
> veio assim o :h
> correno/
> **Professora:** e aí\ o que aconteceu com ele\
> **Aluno:** eu eu eu fiquei muito triste tia (.) porque ele
> (.) o carro bateu nele e fez brumm/ fez um barulho
> e eu gritei (.) o meu cachorrinho gritou muito (.)
> ele chorou muito (.) assim ó:h ti :a cai:::mm
> cai:::mm (.) daí nós enterramo ele (.) enterramo
> ele no quintal\[...]

Quando conseguimos ler o excerto pensando no contexto de uma conversa oral, observamos que não há insuficiência de recursos que prejudiquem a compreensão da história narrada pelo aluno. Tendo em mente que se tratou de um momento em que aluno e professora estavam no mesmo ambiente, é fácil o leitor deduzir que expressões como "Eu tinha um cachorrinho... assim ó... desse tamanhinho assim ó..." foram acompanhadas de gestos corporais que ajudaram o aluno a dimensionar o tamanho do cachorro[1].

Resultado muito diverso se dá quando consideramos o diálogo transcrito no estatuto de texto escrito. O relato transcrito apresenta

---

[1] Em *Atividade inspiradora*, apresentamos duas versões em linguagem escrita desse relato.

caráter incompleto e inexato por causa da ausência de elementos que constituíram a coerência da fala. A narração do aluno foi constituída por frases curtas, repetições, redundâncias e onomatopeias, o que, na escrita, sem a reorganização da estrutura da língua, causa estranheza. A simples transcrição ou a transposição do oral para a escrita põe em evidência a falta do corpo que, por meio dos gestos, corrobora para que, na fala, o linguístico produza sentido.

Poderíamos desconsiderar o extralinguístico e ainda assim, na fala, teríamos a presença da voz. Uma mesma palavra pode ser pronunciada com diferentes entonações; na escrita, temos um número limitado de recursos gráficos para registrar esses tons. Tais diferenças marcam um fato importante: falar e escrever são duas ordens distintas de uso da língua. A escrita não é a fala, escrever não é transcrever. Para Gnerre (1998, p. 3), "escrever nunca foi e nunca vai ser a mesma coisa que falar", uma vez que a passagem de um relato como o exposto para um texto escrito exige uma série de outras ações com a linguagem, não porque a fala é mal organizada ou incompleta, mas porque escrever implica trabalhar com uma outra ordem da língua.

Existem falas baseadas na língua padrão, assim como existe escrita baseada no uso da linguagem coloquial. Uma não é o lugar da ordem e do saber e a outra, o lugar do caos e do desconhecimento. Uma palestra ou um noticiário televisivo são exemplos de fala que, no que se refere às adequações à língua padrão, estão muito próximos do texto escrito. Classificações como formal e não formal, elaborado e não elaborado remetem às maneiras como o falante usa a língua, e não aos atributos dela (Marcuschi, 2004).

No que tange à forma de organização, na fala dispomos de um conjunto amplo de recursos linguísticos e extralinguísticos. Os gestos, os movimentos e as entonações são constitutivos dos sentidos do discurso oral. A hibridez dos atos de fala produzidos nas salas de bate-papo da Internet dá-nos a dimensão do papel que os recursos extralinguísticos exercem na construção do discurso oral. Embora seja escrito, devido ao suporte, é oralizado, por isso é comum a re-

CAPÍTULO 8 Especificidades do Ato de Ensinar e Aprender a Escrever

corrência a ícones para representar, por exemplo, expressões faciais de alegria, tristeza etc. – elementos importantes na construção dos sentidos do discurso oral.

Por ser contemporânea a sua realização, a fala exige do sujeito planejamento e replanejamento de cada ato de linguagem. Não apagamos um enunciado que foi verbalizado; podemos corrigi-lo, enunciá-lo novamente, mas será sempre um outro dizer, e não um refazer do que foi dito. A temporalidade que organiza a fala é sempre orientada pela presença do interlocutor, por isso, na maioria das vezes, as frases e orações são sempre curtas e atravessadas por inserções de ordem explicativa e reformulativa. O funcionamento das interlocuções em sala de aula é um bom exemplo, pois é comum o professor dizer que planejou bem a aula, mas falou de modo diferente do planejado[2].

Em decorrência do seu valor social, na história da nossa cultura letrada, à escrita foi atribuído um outro *status*: o de representante legítima da língua padrão, e a fala foi posta como uma espécie de subproduto. Essa concepção serviu para alimentar outra confusão que diz respeito aos registros e à variação da língua: ao passo que a última passou a ser considerada pobre e caótica, a primeira passou a ser o lugar de assentamento de toda norma de correção do português padrão. Essa situação se comprova quando observamos que, na escola, ainda existem vestígios da tradição que considera a presença da oralidade na escrita um erro que precisa ser sanado. Segundo essa concepção, ensinar a língua é ensinar a escrever, por isso se interfere nos domínios do escrito na expectativa de que esse aprendizado seja suficiente para garantir o aprendizado da fala.

---

[2] Essa diferença advém: a) da presença do interlocutor que, para Marcuschi (2004), não só procura ser cooperativo mas também negocia e interfere diretamente no que está sendo dito. Essa interferência não afeta somente os sentidos do tema do discurso, mas muda também a sua organização estrutural; e b) do fato de que, mesmo havendo planejamento anterior na escolha do tópico, haverá sempre revisões, mudanças, hesitações e repetições que vão ocorrer no ato de realização do discurso oral, advindo daí seu caráter descontínuo.

Se a escrita não é a representação da fala e também não é a única representante da variedade padrão, é importante que tenhamos claro quais são as formas de organização de uma e de outra, pois essa é a condição necessária para se construir uma compreensão sobre o que significa o aluno saber escrever bem um texto (Faraco e Tezza, 2001). Nesse ponto, cabe outra questão: se fala e escrita não são extensão uma da outra, apresentariam elas organizações estanques e irredutíveis entre si? Ao contrário, são duas modalidades diferenciadas, mas que não apresentam divisão estanque.

Um exemplo desse entrelaçamento pode ser observado no fato de que, embora a fala apresente sintaxe com organização específica, não chega a ser outra forma de estruturação da língua que não a usada na escrita. No relato anterior, o aluno não fez construções oracionais que invertessem, por exemplo, a estrutura determinante, sujeito e predicado. A sintaxe da fala apresenta características específicas, mas não extrapola os limites da organização geral da língua.

Escrever: um percurso retorcido em relação à linguagem

Para abordar as especificidades do ato de escrever é preciso, portanto, compreender que existe diferenciação nas formas de elaboração e organização oral e escrita. Cada uma traz complexidades próprias, ligadas aos objetivos de seus usos. No processo de produção da escrita, dispomos de recursos externos, como caderno, caneta e computador. O corpo aparece não mais de forma direta, mas indireta. Para marcar a entonação, por exemplo, é necessário recorrer à acentuação gráfica. Entretanto, a diferença central está no fato de a escrita organizar-se em um tempo diferente. Para produzir um texto escrito é necessário tanto planejamento temático como linguístico-discursivo (Barros, 2000).

As manobras linguístico-discursivas – inversões, inclusões de argumentos, escolha de um e não de outro recurso linguístico – transformam a escrita em uma peça de aparência homogênea e contínua. O sujeito, ao escrever, precisa rever, corrigir, retirar as repetições e hesitações. Trata-se de um trabalho necessário, solitário, persistente e paciente para que o texto escrito não se limite a um apanhado de palavras soltas no papel. Nesse sentido, as diferenças entre fala e escrita não se referem somente ao registro e ao uso do código linguístico, mas também à posição e à disposição necessárias ao sujeito no trabalho com uma e outra modalidade da língua. Obviamente, não estamos afirmando que a fala é destituída de planejamento, mas, sim, que as exigências da escrita são diferentes.

O polimento, o gesto de repensar o que se escreve, não ocorre perante um interlocutor imediato, em uma situação face a face. É pela ausência do leitor no momento da escrita e, depois, pela ausência de quem escreveu o texto no momento da leitura que o trabalho com a linguagem escrita se iguala ao ofício de um tecelão. Este precisa tecer de forma ordenada e cuidadosa para que dos fios não resulte um conjunto caótico de cores e desenhos. Quanto mais cuidadoso é esse trabalho, mais o resultado é visível.

Aqui reside a grande diferença entre escrever e transcrever a fala. Ao contrário do que costuma acontecer quando falamos, para realizar a escrita, o sujeito faz um percurso retorcido em relação à linguagem. A retorção ocorre quando o interlocutor se inclui como presença geradora de sentidos que possibilitam produzir a escrita. Ocorre também a ausência que exige que essa mesma escrita tenha uma ordem, que produza sentido para além da presença corpórea de quem a produziu.

Se na realização do oral não temos a opção de apagar o que foi dito – temos somente a opção de dizer de novo –, na escrita essa impossibilidade de fazer de novo ocorre a partir do momento em que o texto entra em circulação. Uma palavra oralmente enunciada e um texto escrito que se torna público possuem a mesma irreversibilidade. A diferença está no fato de que, por resultar de um trabalho solitário de enfrentamento com a multiplicidade e com a falta de unidade das ideias, quem escreve tem a possibilidade de escrever de novo, alterar a ordem, testar e desconfiar das palavras antes de expor o texto. O texto é provisório enquanto estiver submetido ao trabalho de refacção, uma vez que o processo de produção e o resultado final são separados.

A escrita é o produto de um trabalho distinto, capaz de produzir significações imprevisíveis – perigosas para Clarice Lispector (1978). Essa imprevisibilidade não resulta apenas do domínio dos recursos linguísticos nem da exposição organizada de ideias, mas, principalmente, de um trabalho com a linguagem, que traz à tona algo que antes de ser escrito era ignorado. O ato de escrever oculta a luta que o sujeito trava com as palavras e com os sentidos, mas traz à tona algo que lhe é singular e que, por ser resultante de mudanças e deslocamentos sobre e com a linguagem, não ganha existência sem produzir transformações e resistências subjetivas.

O ato de escrever vai na contramão do nosso tempo, já que exige de quem o realiza a entrada em um universo que não o da efemeridade e da rapidez. Clarice Lispector (1978) define muito bem esse ato quando afirma: "Escrever é um colocar-se no vazio", é um passar a existir com base no que fica registrado em termos de palavras. Como elas são imprecisas, não nos dão segurança sobre o que podem significar. Daí a concepção de que o acesso à escrita não se dá pelo simples domínio dos recursos estruturais da língua. Depende de um lento aprendizado de cumplicidade com as palavras. Para tanto, é necessário não só que nos ensinem quais recursos da língua podemos usar, mas também quais as razões e os significados de escrever. A entrada no mundo da escrita não se limita e não se realiza somente pelo ato de ser alfabetizado. Ela requer e constrói, ao mesmo tempo, um domínio simbólico e reflexivo da linguagem.

Tal concepção impõe que nos perguntemos pelo papel do professor no processo de construção dessa relação singular e necessária que o aluno precisa desenvolver para ocupar o lugar de um sujeito que escreve. É importante que essa questão se desdobre em uma outra: como ensinar o aluno a produzir uma escrita distinta em um tempo em que somos submetidos aos rituais efêmeros da informação rápida?

CAPÍTULO 8 Especificidades do Ato de Ensinar e Aprender a Escrever

A arte e a responsabilidade de ensinar a escrever

Na busca de respostas a essas questões, o professor de língua materna assume um papel fundamental, pois é dele a responsabilidade de criar possibilidades para que o aluno se insira no mundo da escrita. Essa inserção vai se dar pela disponibilidade para a mudança, que também não nasce do nada, mas das ressignificações das práticas de ensinar que podem levar à ressignificação das razões para escrever. Portanto, como professores, é necessário nos colocarmos em um lugar de instabilidade e de acolhimento, pois daí será possível encontrarmos maneiras de convocar o aluno a trabalhar a linguagem em um processo de contínua constituição de sua escrita e, como resultado, de si mesmo.

Tal afirmação decorre da concepção de que o sujeito emerge no mundo da linguagem e nele ocupa duplo lugar: o de construtor e o de construído por ela. Essa articulação produz a novidade, que é o texto. Geraldi (1991) afirma que esse processo não se realiza impunemente: de um lado, exige de quem ensina o compromisso de não ocupar, solitário, o lugar de quem sabe, mas o de quem sabe e pode compartilhar, dialogar com singularidades e saberes que emergem nos espaços de sala de aula; por outro, coloca o sujeito que aprende na difícil posição de quem é questionado e convocado a ocupar o lugar de quem tem o que dizer e razão para fazê-lo.

Nos dias atuais, a difícil tarefa de ter o que dizer e, principalmente, uma razão para dizer, não se constrói por meio de exercícios de escrita que tenham como principal objetivo retornar para o professor respostas esperadas e somente importantes para o processo de aferição de notas; tampouco se constrói pelo aprendizado da escrita utilitária, cujo objetivo é instrumentalizar o aluno para dar respostas às demandas de mercado. Aprender a escrever para arrumar um emprego, para passar em um concurso público, para produzir textos técnicos e repetitivos são exigências da lógica capitalista, que exige que nossos atos mais comezinhos tenham utilidade mercadológica e, de preferência, rendam algum lucro. Não que o aprendizado de tais produções textuais seja desnecessário, o problema é que a escrita, quando realizada somente com esses objetivos, perde a sua força de transformação e reduz o sujeito a mero repetidor de palavras vazias da experiência do vivido.

O aprendizado da escrita requer uma razão radicalmente diferente daquela posta pela lógica e pela urgência das trocas e dos lucros. Calkins (1989) defende que, para esse aprendizado, é essencial o aluno perceber-se como autor: a posição de autoria ganha sustentação na luta para pôr no papel algo que tenha raízes fincadas nas experiências vividas. E falar em práticas vividas não é defender que na escola se trate sempre das últimas novidades do noticiário da televisão ou de qualquer outro meio de comunicação. Um texto em que o aluno apresente suas expectativas com relação à escola, ou sobre questões relacionadas ao seu contexto social, relaciona-se, sem dúvida, ao vivido. Assim, este passa a ser o objeto de reflexão, dando àquele que escreve a responsabilidade pelo seu dizer. Obviamente, os limites das experiências vividas carecem ser ultrapassados, pois elas precisam ser simbolizadas a ponto de se transformarem em categorias que possibilitem ao sujeito compreender e promover deslocamentos na linguagem e na sua posição no mundo em que está inserido.

A concretização de um texto exige o reconhecimento de que a escritura advém do esforço solitário – que não deixa de ser mediado pela palavra do outro: o professor que ensina, o conjunto possível de leitores –, não só da luta com as palavras mas também da luta pela liberdade e coragem de assumir o que se quer ou não dizer sobre determinado assunto. Geraldi (2003) defende que essas especificidades da escrita exigem a transformação da sala de aula em um tempo de reflexão e trabalho sobre o já conhecido para que possamos aprender o desconhecido e produzir o novo. O ensino dos recursos da língua é conhecido, mas o resultado dessa aprendizagem não pertence à ordem do previsível; é o que faz a escrita ser equivalente a um lançar-se em um poço sem fundo.

Nesse sentido, defendemos que a existência de um texto precisa se dar de maneira silenciosa, pois o gesto de dizer que um texto está pronto não advém de um primeiro e único registro das ideias no pa-

CAPÍTULO 8 Especificidades do Ato de Ensinar e Aprender a Escrever

pel. É necessário separar o ato de escrever um texto rápido – lista de compras, recado etc. – do de escrever um texto com o objetivo de discutir, narrar, descrever determinado tema. Cabe à escola apontar essas diferenças ao aluno, mostrando que há a exigência não só do conhecimento dos recursos linguísticos disponíveis, mas de quais operações são importantes realizar com a linguagem para que o texto produza determinados sentidos e não outros.

Não é raro o professor de língua materna deparar com os chamados "textos confusos", cujas ideias são dispersas, desconectadas e amplas. Tais problemas resultam, em muitos casos, do desconhecimento das regras de funcionamento da língua, e também da falta de (re)elaboração – de cuidados e capricho – da escrita. Chegamos, então, a uma questão fundamental: escrever não é somente registrar as palavras em conformidade com as regras sintáticas, morfológicas e lexicais[3]. Considerando essa perspectiva, as atividades de reflexão sobre a linguagem – atividades *epilinguísticas* – são centrais para o aluno (Geraldi, 1991). Se ele aprende a refletir sobre as ações que precisa praticar para construir a sua escrita, passa a dispor das condições necessárias para entender, por exemplo, as regras e os funcionamentos da gramática da sua língua materna.

Antes de explicitarmos o que o autor denomina atividade de reflexão sobre a língua, é necessário fazer referência a duas outras atividades: a *linguística* e a *metalinguística*. A primeira refere-se às ações que praticamos nas interações cotidianas, como questionar, responder, ordenar etc. As atividades *metalinguísticas* realizam-se quando falamos da própria língua. Por exemplo, o professor que explica em sala de aula que verbo transitivo direto é aquele que não pede complemento apresenta uma atividade de metalinguagem, ou seja, usa a língua para falar dela mesma.

---

[3] Enfatizamos que a escrita, para que opere mudanças na posição subjetiva de quem escreve, não pode ser resultado de verborragia desordenada e fluida cujo objetivo seria simplesmente responder a imperativos externos.

Já as atividades *epilinguísticas* são as que exigem reflexão sobre o funcionamento da língua, por exemplo, refletir sobre os efeitos de sentidos produzidos por uma palavra ou por uma expressão em um texto. Na fala, afirmações como "não foi isso o que eu quis dizer" e a consequente correção do que foi dito é um exemplo de atividade de reflexão sobre a língua. Por esse incômodo causado pelo que foi dito ou escrito e a tentativa de dizer de outra maneira, o novo pode surgir em termos de produção linguageira. Daí a defesa de que tal atividade é central no processo de escrita de um texto, pois é por meio dela que o aluno pode promover deslocamentos e relacionar-se com a linguagem para construir sentidos novos.

Para tanto, é importante entender o texto como um conjunto de relações significativas, produzidas por um sujeito inserido em determinado mundo cultural e simbólico. As produções escritas são enunciados concretos que trazem à tona o modo de o aluno relacionar-se com esse processo constitutivo. Como quem ensina a escrever ocupa um lugar inegavelmente privilegiado de leitor, precisa olhar para essas produções com os olhos da compreensão, isto é, precisa reconhecer que os textos escritos são instâncias discursivas individualizadas, que, por meio das palavras, deixam as marcas das compreensões e determinações que constituem as razões de escrever nos dias atuais.

Compreender os determinantes das relações com a escrita não é suficiente para provocar o nascimento de escritores, mas é fundamental para construir propostas sobre como intervir nessas produções. Ao orientar-se com base nos resultados apresentados no diagnóstico, o professor tem a possibilidade de intervir em dois dos planos da escrita do aluno: na organização e uso dos recursos linguísticos – uso de pontuações, de elementos de retomadas, como advérbios e pronomes, domínio de vocabulário variado etc. – e na argumentação e coerência em torno do tema do texto. O professor, sobretudo, constrói a cultura da reescrita que acreditamos ser condição necessária para o aluno entender que se aprende a escrever na interação contínua e persistente com os atos constitutivos da sua própria escrita (Leal, 2003).

CAPÍTULO 8 Especificidades do Ato de Ensinar e Aprender a Escrever

Atividade inspiradora

Saudades de Lulu

Considerando a necessidade de encontrar soluções para os problemas apresentados pelos alunos no trabalho com a escrita, sugerimos que, com base no relato verbal sobre a morte do cachorrinho, seja desenvolvida uma sequência didática, que se funda na concepção de que escrever envolve tempo e criação. Quais são os passos?
Vejamos a sugestão de Schneuwly e Dolz (2004):

- apresentação e discussão do tema;
- produção textual inicial que nortearia o início da realização das atividades de linguagem; e
- desdobramento das atividades de escrita baseadas no texto inicial.

Ao ler o corpo do capítulo, o leitor certamente notou que, nesse ponto do trabalho, estamos iniciando o segundo passo sugerido pelos autores. Como a história narrada oralmente pelo aluno relata um acidente com o cachorro de estimação, o disparador do trabalho pode solicitar aos alunos que, com base no relato, escrevam uma narrativa sobre o acidente. Alguns passos são importantes na realização dessa tarefa:

1. **Compreender as especificidades das narrativas escritas**
   Dependendo da turma, é necessário apresentar as características desse tipo de texto e alguns recursos de linguagem que poderão ser mobilizados para produzi-lo. Como se trata de tomar como base uma narrativa oral para produzir uma escrita, é importante o aluno compreender a situação e os elementos que pode mobilizar para produzir um texto dessa natureza.

2. **Efetuar análise diagnóstica do primeiro esboço produzido**

   A primeira versão da narrativa produzida pode ser considerada uma peça que permitirá o diagnóstico de domínios e diferenciações que o aluno faz entre oral e escrito. Feito o diagnóstico, os desdobramentos da sequência devem ser para retrabalhar as dificuldades apresentadas no processo de apropriação dos recursos linguísticos próprios de uma narrativa. Obviamente, em turmas grandes, outro passo seria a realização de uma espécie de tabulação em que o professor elegeria um conjunto de dificuldades semelhantes a serem abordadas ao longo da realização da *sequência didática*.

3. **Elaborar várias atividades que possibilitem abordar os principais problemas linguísticos apresentados**

   Essa decomposição deve estabelecer os níveis de dificuldade e focar um a um, sem deixar de estabelecer uma inter-relação entre eles, pois, ao final da sequência didática, o objetivo é que o aluno tenha elementos e informações suficientes para resolvê-los. Por exemplo, a coerência no desenvolvimento do tema pode ser afetada pelas dificuldades de estabelecer as relações de retomadas entre os elementos linguísticos (pronomes e advérbios), indicadores de tempo, espaço e pessoa. Nesse caso, é necessário apresentar aos alunos os recursos linguísticos necessários à resolução e chamar a atenção para os seus efeitos na construção da coerência no conjunto do texto. Nesse ponto, pode ser produtivo discutir as dificuldades apresentadas e as possibilidades de uso dos recursos linguísticos mais adequados à modalidade escrita.

4. **Incidir sobre o repertório de recursos estruturais para a escrita de narrativas**

   É possível eleger narrativas que tratem de temas similares para serem lidas pelos alunos. Essa é uma forma de conhecer as estruturas desse tipo de texto e possibilitar a criação de conteúdos e vocabulários para a reescrita final. Essa atividade, inclusive, pode anteceder a que trata dos recursos linguísticos. Nessas leituras, podem-se focar os modos como foram produzidas as narrativas e os recursos linguísticos utilizados para construir as representações do acontecimento.

5. **Solicitar ao aluno que escreva uma versão mais elaborada de seu primeiro esboço**

   Nesse momento o aluno retorna sua produção e põe em prática os conhecimentos adquiridos com a realização das atividades. Com essa reescrita, o professor tem a possibilidade de retomar o diagnóstico que orientou a elaboração das atividades e avaliar se houve avanços ou não com relação a problemas e dificuldades detectados na primeira escrita. É o momento de avaliar em que medida os objetivos propostos foram atingidos ou não. A avaliação, assim, ganha outra função que não a mera aferição de nota. Transforma-se em um valioso recurso de acompanhamento do aluno ao longo do processo de ensino da escrita. Nesse ponto do trabalho, costumamos obter uma versão mais normatizada do texto oral, mas na qual, comumente, não se destacam elementos que indicam preocupação (ou habilidade) quanto a recursos estilísticos que dão mais sabor ao texto. A seguir apresentamos um exemplo de produção média.

O acidente com um cachorrinho de estimação

Eu tinha um cachorrinho de estimação que se chamava Lulu. Ele era bem pequenininho. Um dia, quando eu, meu irmão e minha mãe estávamos chegando em casa, ele veio nos receber correndo e latindo muito. Lulu estava tão alegre com a nossa chegada que não viu um carro que vinha rápido pela rua.

Minha mãe, quando viu o carro, gritou e brigou com ele, mas não adiantou. O carro bateu bem forte e ele gritou muito. Nós o levamos para casa, minha mãe deu remédio, mas ele morreu. Eu fiquei muito triste e chorei. Eu e meu irmão enterramos o Lulu no quintal.

6. Trabalhar para dar vida à palavra escrita

Nesse momento, o professor pode dar início a um intenso trabalho de discussão coletiva visando atingir os recursos estilísticos do texto. Um ponto de partida pode ser transcrever o texto anterior e fazer diversas perguntas provocadoras que levem os alunos a, paulatinamente, refinar seus modos de expressão. Alguns exemplos:

a) Vocês não acham que o título *O acidente com um cachorrinho de estimação* está desprovido de emoção? Como podemos torná-lo mais comovente?
b) Esse texto não ficaria mais interessante se a morte de Lulu ocorresse em um dia especial na vida do narrador?
c) Vocês não acham que precisamos apresentar um bom motivo para o fato de que três pessoas não viram a situação perigosa na qual Lulu estava se metendo?
d) Vocês não ficam curiosos para saber o que a mãe do narrador gritou?

Para dar concretude a nossa proposta, realizamos essa fase do trabalho com uma turma de 8ª série (atual 9º ano) em uma escola pública da cidade de São Paulo, durante uma aula de 45 minutos. O resultado dessa produção coletiva, registrado no quadro e copiado pelos alunos em seus cadernos, foi o seguinte:

Saudades de Lulu

Eu vou contar uma história: a do meu cachorrinho Lulu.

Ele era bem pequenininho. Sempre que chegávamos em casa, meu amigão vinha correndo, pulando e latindo em nossa direção. Era uma fera!

Eu estava muito alegre porque fiz dez anos. Minha mãe me levou na padaria pra escolher o bolo. O abelhudo do meu irmão quis ir junto.

CAPÍTULO 8 Especificidades do Ato de Ensinar e Aprender a Escrever

> Ele queria o de morango. Como o aniversário era meu, mandei-o calar a boca e comprei o de chocolate.
> Na volta, enquanto minha mãe carregava O MEU BOLO, eu e meu irmão brigávamos por causa da sacola com o refrigerante. Quando viu a gente, Lulu se espremeu na grade do portão e veio correndo, pulando e latindo pro outro lado da rua. Minha mãe gritou: "Passa pra dentro, vira-lata safado!" O maldito Monza preto surgiu do nada e... BUM!
> Foi o aniversário mais triste da minha vida: Lulu morreu e a festa se acabou.

Para ler mais sobre o tema

FREITAS, Maria Tereza de Assunção; COSTA, Sérgio Roberto. *Leitura e escrita na formação de professores*. Juiz de Fora: UFJF/Musa, 2002. Discute questões ligadas aos modos de aprender e ensinar a ler e a escrever na contemporaneidade. Uma parte dos artigos desenvolve as discussões tendo por base entrevistas de alunos das etapas do Ensino Fundamental e Médio. O livro pretende alertar o professor de Língua Portuguesa para a necessidade de ver a leitura além da prática de decifração de um código. Pretende também inspirá-lo a utilizar-se de atividades e eventos culturais a serem explorados nas aulas de Língua Portuguesa.

PRETI, Dino (org.). *Interação na fala e na escrita*. São Paulo: Humanitas, 2003. A interação entre a fala e a escrita é discutida com base na sua manifestação em diversos textos de anúncios publicitários, na gramática tradicional, em textos literários e nas conversações desenvolvidas em sala de aula, entre outros. O livro é composto por um conjunto de artigos produzidos por pesquisadores que estiveram envolvidos com o Projeto NURC/SP. Baseados em linhas teóricas variadas, os textos são escritos de forma didática e acessível ao público não especialista no assunto, constituindo-se em uma fonte de inspiração para a elaboração de atividades de reflexão sobre a linguagem em suas manifestações no dia a dia.

SCHNEUWLY, Bernardo; DOLZ, Joaquim. *Gêneros orais e escritos na escola*. Trad. Roxane Rojo e Glaís Sales Cordeiro. Campinas: Mercado de Letras, 2004. Trata do desenvolvimento e ensino dos gêneros orais e escritos na escola. A discussão apresentada é importante porque, embora centrada na elaboração de princípios e métodos em didática do francês, focaliza a questão do ensino da língua materna em um tipo de abordagem que pode ser usado no ensino de Língua Portuguesa.

Referências bibliográficas

BARROS, D. L. P. de. Entre a fala e a escrita: algumas reflexões sobre as posições intermediárias. In: PRETI, Dino (org.). *Fala e escrita em questão*. São Paulo: Humanitas, 2000, p. 57-77.

CALKINS, L. M. *A arte de ensinar a escrever*. Trad. Daise Batista. Supervisão e revisão técnica Inajara Rodrigues. Porto Alegre: Artes Médicas, 1989.

FARACO, C. A.; TEZZA, C. *Prática de texto para estudantes universitários*. Petrópolis: Vozes, 2001.

FREITAS, M. T. de A.; COSTA, S. R. *Leitura e escrita na formação de professores*. Juiz de Fora: UFJF/Musa, 2002.

GERALDI, J. W. Convívio paradoxal com o ensino da leitura e da escrita. In: ALBANO, E. M. et al. (orgs.). *Saudades da língua*: a lingüística e os 25 anos do Instituto de Linguagem da Unicamp. Campinas: Mercado de Letras, 2003, p. 663-684.

_____. *Portos de passagem*. São Paulo: Martins Fontes, 1991.

GNERRE, M. *Linguagem, escrita e poder*. 4. ed. São Paulo: Martins Fontes, 1998.

LEAL, L. de F. V. A formação do produtor de texto escrito na escola: uma análise das relações entre os processos interlocutivos e os processos de ensino.

In: VAL, M. da G. C.; ROCHA, G. (orgs.). *Reflexões sobre práticas de produção de texto*: o sujeito-autor. Belo Horizonte: Autêntica, 2003, p. 57-67.

LISPECTOR, C. *Um sopro de vida*: pulsações. Rio de Janeiro: Nova Fronteira. 1978, p. 13.

MANGUEL, A. *Uma história de leitura*. Trad. Pedro Maia Soares. São Paulo: Companhia das Letras, 1997.

MARCUSCHI, L. A. *Da fala para a escrita*: atividades de retextualização. São Paulo: Cortez, 2004.

PRETI, D. (org.). *Interação na fala e na escrita*. São Paulo: Humanitas, 2003.

RAMA, A. *A cidade das letras*. Trad. Emir Sader. São Paulo: Brasiliense, 1985.

SCHNEUWLY, B.; DOLZ, J. *Gêneros orais e escritos na escola*. Trad. Roxane Rojo e Glaís Sales Cordeiro. Campinas: Mercado de Letras, 2004.

TRAVERSO, V. *La conversation familière*. Lyon: PUL, 1996.

CAPÍTULO 9
Problemas comuns no processo de ensino da escrita

Questão para reflexão

No poema "Catar feijão", João Cabral de Melo Neto (1994) estabelece uma instigante relação entre o ato de escrever e o de catar feijão. Para ele, ambas atividades oferecem riscos, só que diferentes. A pedra que se confunde com feijão pode quebrar um dente, já a palavra pedra, ou pedra em forma de palavra, impede a leitura à deriva e instiga o leitor a dar uma "mordida" saborosa no texto. Isso nos leva a considerar que escrever exige um trabalho de reflexão em relação às palavras, assim, nosso questionamento é o seguinte:

> Os modos pelos quais solicitamos aos nossos alunos que trabalhem a linguagem nos seus textos durante a aula de Língua Portuguesa promovem uma prática significativa de escrita?

Estudando a teoria e os aspectos metodológicos

Neste capítulo, serão feitas considerações sobre um aspecto comum nas aulas de Língua Portuguesa: como lidar com os problemas que aparecem nas produções escritas.

Impasses históricos do professor ao intervir no texto escrito

Em um momento em que tanto se fala das dificuldades que alunos de diferentes níveis de escolaridade enfrentam para produzir um texto coerente, criou-se uma confusão em torno do papel do professor diante dos problemas que emergem em tais produções. O "mau" entendimento sobre as críticas feitas às correções de mero caráter gramatical acarretou o quase abandono das intervenções e orientações necessárias para que o aluno saiba manusear os recursos da língua visando à construção da coerência e coesão textual.

Muito se criticou o vínculo entre o ensino da escrita e a famigerada produção de redações que serviam unicamente para fazer correções e adequar a variedade linguística do aluno à variedade padrão. A produção do texto era reduzida ao simples exercício de metalinguagem. Era comum o aluno, durante as férias, ter como tarefa escrever uma redação sobre cada dia de descanso escolar. Trinta dias, trinta redações! Todas destituídas de uma razão que não fosse o mero cumprimento da tarefa. Baseadas no pressuposto de que o aprendizado da escrita se dava pela repetição, as redações eram *locus* de intervenção e modificação dos problemas relacionados às convenções escritas.

Ao pôr em xeque esse modo mecânico de ensinar a escrita – questionamento mais do que necessário! – caminhamos para outro extremo. Agora, a tendência hegemônica consiste na produção de textos que versem sobre temas engajados do ponto de vista social e político, como fome, miséria, educação, violência, adolescência etc. Não há dúvida de que esse tipo de abordagem tem o objetivo de tratar das questões ligadas ao cotidiano dos alunos. Com essa prática, houve um afastamento do trabalho com a linguagem. Confundiu-se

CAPÍTULO 9 Problemas Comuns no Processo de Ensino da Escrita

o ensino de regras de gramática com o ensino dos recursos linguísticos. Geralmente, as produções textuais são sempre realizadas em grupos, em torno de um grande tema: os alunos se reúnem, fazem a leitura, discutem e apresentam suas opiniões para os demais membros da turma. Na sequência, vem a produção, coletiva ou individual, de um texto. Feita a leitura desse texto, a atividade cai no vazio, pois não se sabe mais o que fazer com ela.

É comum o professor levar o texto para casa, corrigi-lo e devolvê-lo ao aluno com o pedido para que observe os problemas apontados. A intervenção na leitura do texto-base ou a intervenção na produção escrita ocorre de maneira tímida ou não ocorre – o aluno faz os acertos dos problemas apontados pelo professor, mas reflete pouco ou nada sobre o uso de recursos linguísticos. O ensino das regras de gramática não é o centro, mas, em contrapartida, o que fica é a correção sem muitas explicações ou discussões. O mero gesto de corrigir problemas de pontuação, ortográficos e de regência transforma a atividade de escrita em algo enfadonho; o texto continua sendo pretexto para a realização de um trabalho disfarçado com gramática.

Confunde-se revisão gramatical com o necessário exercício com os recursos linguísticos para provocar mudanças na base do texto, ou seja, a clara condenação da primeira forma de intervenção fez com que se perdesse de vista a importância da realização da segunda. É o trabalho reflexivo com os recursos da língua que possibilita ao aluno construir não uma visão de escrita como exercício de apropriação de recursos prontos, mas como o produto de um trabalho com os sistemas de referências, produzidos em relações interativas contextualizadas. De acordo com Geraldi (1991, p. 11), "nos processos interacionais de que participamos, trabalhamos na construção dos sentidos 'aqui e agora', e para isso temos como 'material' para este trabalho a língua que 'resultou' dos trabalhos anteriores".

A situação que acabamos de expor gerou a dificuldade para intervir no texto do aluno, que, na maioria das vezes, oferece ao professor produções lacunosas e vagas. Estas quase sempre revelam que, da parte de quem escreve, não há a compreensão de que, no momento da leitura, a escrita, quanto à organização dos recursos linguísticos discursivos, não pode contar com a colaboração do leitor para promover a sua organização. Todos nós já deparamos com situações nas quais o aluno, quando interrogado sobre sua escrita, não consegue explicar o que quis escrever. Esse fato revela que o jovem autor sabia *o que* escrever, mas ignorava *como*. Depois que se torna público, o texto não conta com a colaboração de quem o escreveu para que produza sentidos. Além disso, mediante uma escrita caótica, surge a dificuldade do professor para definir de que ponto partir, quais problemas priorizar e que estratégias mobilizar para que o aluno organize seu texto.

A prática de linguagem como o eixo norteador do ensino da escrita, segundo Geraldi (1991), inclui a necessidade de o sujeito que escreve refletir sobre as diferentes formas de dizer. Essa reflexão deve ser seguida, e não antecedida, de uma reflexão analítica sobre os recursos expressivos da língua. Em outras palavras, as atividades de análise linguística não prescindem de uma reflexão sobre quais são as melhores estratégias para se construir um projeto de dizer. Desse processo deriva o aprendizado dos usos e funcionamentos de recursos expressivos comuns e não comuns no cotidiano linguageiro do aluno. Partimos, portanto, do pressuposto de que o aprendizado da escrita passa pela criação de condições para que o aluno possa lidar com os recursos variados e exigentes que supõe essa modalidade de uso da língua.

O enfrentamento dos problemas que emergem em uma produção escrita também carece ser acompanhado da concepção de que escrever não é um dom divino e a escrita coerente não é resultado de inspiração, mas de um trabalho meticuloso e persistente com a língua. Não estamos defendendo que escrever é uma questão de técnica. O conhecimento de técnicas e regras não leva ao saber escrever; este ato é regido pelo ter o que dizer e pressupõe uma razão para fazê-lo. Considerando esse ponto, faz sentido elaborar estratégias que levem o aluno a ter os conhecimentos necessários para manusear os recursos da língua.

CAPÍTULO 9 Problemas Comuns no Processo de Ensino da Escrita

O significado da reescrita

Desenvolver um trabalho meticuloso de ensino da escrita na escola é uma tarefa difícil porque exige acompanhar cada aluno de muito perto. A produção de um texto demanda exercício deliberado, planejado e repensado com a linguagem. Entretanto, ao depararmos com produções ainda muito iniciais, como as apresentadas a seguir (Texto A e Texto B), parece-nos que a pergunta central a ser feita pelo professor não é sobre como trabalhar a escrita em uma sala de 40 alunos, mas, sim, sobre *o que é importante e necessário para que o aluno saiba elaborar a sua escrita.*

Texto A

Você é a favor ou contra um animal de estimação viver junto com as pessoas?
Eu sou a favor por que tem muitas crianças que são filhos únicos que não tem companhia.
E os filhos únicos sempre pedem um amigo de estimação. Ai os pais comprão um animal
destimação.
E as crianças ficão bem pertinho e bem agaradinha dos animais de estimação.
Então elas falão assim:
mãe dá um pouquinho de ração para o cachorrinho.
Pai da um poquinho de ração para o gatinho.

Texto B

A moça morava sosinha e só pensava em tecelã ela tecelava o dia a noite etc Quando ela estava com fome era só ela tecelar o peixe que ele aparecia se ela estava com sede era só ela tecelar o leite e o leite

> aparecia Um dia ela estava se sentindo muito sosinha e ela tinha um sonho de ter um marido e ter filhos Ai ela teceu um homem o homem vendo que ela podia fazer no tecido ele comesou a mandar nela falou para fazer uma casa depois um palácio e mandou ela fazer muitas coisas ela não tinha tempo pra nada um dia ela cansou e fazendo o movimento ao contrario defes tudo o palácio os cavalos as carroagens e o resto No amanhecer quando o cara acordou ela estava terminando de desfazer ele ele não teve tempo nem de se mecher então tudo voltou ao normal.

No Texto A, a linguagem escrita está apoiada no sistema de organização oral. Observa-se uma mistura de discurso relatado e diálogo entre duas pessoas. Como o diálogo face a face se dá aos poucos, temos, no texto escrito, frases curtas, organizadas passo a passo. No Texto B, o mero reconte do conto *A moça tecelã*, de Marina Colasanti, se dá em forma de afirmações que se assemelham aos relatos cotidianos do tipo *levantei, tomei banho, tomei café, fui trabalhar, almocei, voltei para o trabalho* e assim sucessivamente. Em outras palavras, sem dominar as estratégias de construção de um texto narrativo, o aluno simplesmente apresenta uma sucessão de fatos, sejam eles resultado do recontar de uma experiência cotidiana ou o reconto de um texto lido.

Parece-nos que o desafio para o professor nos dias atuais é, inicialmente, construir leitores de si mesmos, dos próprios escritos. Não é necessário desenvolver uma pesquisa acurada para chegar à conclusão de que alunos da segunda etapa do Ensino Fundamental e do Ensino Médio, por exemplo, acreditam que produzir um texto é simplesmente pegar um papel, uma caneta, sentar numa carteira, escrever e entregar para o professor. Não há a compreensão de que a escrita é produto de reflexão, de trabalho com a linguagem.

CAPÍTULO 9 Problemas Comuns no Processo de Ensino da Escrita

Riolfi (2004) afirma que, nos dias atuais, predomina o uso da letra como uma tecnologia instrumental. Esse uso inibe os esforços dos professores de Língua Portuguesa para instalar em suas salas de aula um "clima" de reescrita. Escrever para conseguir emprego, redigir para ser secretária e dissertar para passar no concurso público são ações solidárias com a lógica da cultura capitalista. O problema se dá porque, quanto mais "funcionarmos" dentro da lógica utilitarista – aquela mesma que nos leva a acreditar que um professor "serve" para corrigir – mais faremos com que a arte de escrever desapareça.

A escrita se traduz em um movimento em que as palavras são trabalhadas, as frases pensadas, eliminadas, refeitas até que o texto final tenha um caráter de peça homogênea. Escrever e reescrever: esse é o movimento que o aluno precisa aprender. Para que isso se realize, é essencial se colocar em uma posição de responsabilidade por aquilo que escreve. A responsabilidade, por sua vez, se constrói em bases diferentes da obrigação. O ato de escrever exige árdua reflexão com a linguagem e sobre ela. Isso é o que torna possível o reconhecimento das diferentes modalidades linguísticas e quais usos podem ser feitos delas. A concepção assumida é a de que não há escrita sem reescrita.

Para levar o aluno a compreender isso, faz-se necessário abrir portas para tratar dos problemas da escrita. Se observarmos, por exemplo, como os alunos, nos momentos de aula, narram, descrevem e discutem oralmente histórias e acontecimentos vivenciados, veremos que a dificuldade nem sempre reside em ter o que dizer, mas em como dizer quando se trabalha com os registros da língua escrita. A facilidade com que realizam tais tarefas oralmente e a dificuldade que apresentam para escrever esses mesmos fatos são um forte indício de que o domínio dos recursos necessários à produção da escrita resulta de aprendizados específicos das sutilezas, determinações e indeterminações da linguagem e dos sentidos. O manuseio dos recursos linguísticos passa a ser um aprendizado importante para a elaboração de estratégias de (re)escrita. O olhar para tais recursos possibilita da parte de quem escreve o movimento de aproximação e afastamento na atividade de formulação de um texto.

Sobre o manuseio dos recursos linguísticos

Nos textos dos alunos, observamos estranhezas e incoerências relacionadas às construções ortográficas, sintáticas, temáticas e discursivas. As ortográficas são geradas comumente pela confusão que o aluno faz para grafar palavras com o mesmo som; as sintáticas derivam de não saber fazer concordâncias nem usar os recursos de pontuação; e as temáticas estão relacionadas à dificuldade em sustentar a coerência e a progressão temática no discurso sobre o objeto da escrita. Diante dessa situação, a pergunta é: o que fazer para o aluno perceber a incoerência presente em sua construção textual? A resposta para tal questão exige a mobilização de conhecimentos linguísticos que possam explicar as dificuldades não só para manusear os recursos da língua escrita mas, principalmente, para construir maneiras de superar tais problemas. Vejamos o Texto C:

> **Texto C**
> Era noite a moça só tecelava, semparar até que ela ficava sonhando se sodesse tecelar. Ela pensava em tecelar um palácio. Ela conversol com o marido que queria tecelar um palacio também sonhava que quandava natureza brigasse quando ela tecelasse a natureza parase de brigar. Para ela o tecelar era o poder dela ela tava até inludida com o tecelar. Um dia chegou em que começou a fazer o palacio ficou fazendo enquanto lá fora a natureza calma até que ela terminou de tecelar. Tecer era tudo o que fazia.

Além dos problemas relacionados à construção da narrativa, o texto apresenta estranhezas devido às palavras com sons semelhantes e às junturas de palavras. No que tange às junturas, o reconheci-

CAPÍTULO 9 Problemas Comuns no Processo de Ensino da Escrita

mento comum de que esse é um problema da oralidade não é suficiente para construir meios de fazer o aluno não repeti-las. As emendas das palavras *sodesse*, *quandava* e *semparar* oferecem elementos para montar um quebra-cabeça. São três junturas que seguem lógicas diferentes. No caso da expressão *semparar*, temos a junção de uma preposição (sem) mais um verbo (parar). Uma rápida olhada nas gramáticas do século XVI, por exemplo, permite concluir que a separação entre preposições, verbos e adjetivos é uma convenção criada recentemente. Antes, tais expressões eram grafadas juntas. Nesse caso, a fragilidade está no não reconhecimento de que falar e escrever são formas de usos diferenciados da língua.

Entretanto, as expressões *sodesse* e *quandava* exigem um outro tipo de explicação. A análise da estrutura do texto oferece indícios de que essa juntura está ligada não só ao desconhecimento de grafia da expressão *só desse* mas, principalmente, à dificuldade de manuseio da língua escrita de modo geral. As sequências – "até que ela ficava sonhando se sodesse tecelar e (...) também sonhava que quandava natureza brigasse quando ela tecelasse a natureza parase de brigar" – são confusas e não apresentam coerência mínima quando relacionadas ao que foi dito anteriormente. Diante disso, podemos, por exemplo, levantar elucubrações do tipo: será que o aluno não quis escrever *soubesse*, *quando dava* ou *guardava*? Tanto o movimento do texto para a esquerda como para a direita não oferecem elementos para a firmação de qualquer explicação de caráter dedutivo.

A proximidade dos sons de *l* ou *u* na posição final das palavras é idêntico, daí surge *conversol* e não *conversou*. Lemle (2004) explica esse tipo de ocorrência como uma dificuldade que o aprendiz, no momento da alfabetização, tem para reconhecer a existência de relação poligâmica entre um som e duas letras. Segundo a autora, a dificuldade de compreender a relação de monogamia entre letras e som se localiza na primeira fase do aprendizado e, quando não resolvida, pode aparecer nas séries mais avançadas. No exemplo, a fragilidade do processo de alfabetização faz com que o aluno, na 7ª série (atual 8º ano), apresente problemas de escrita relacionados às etapas iniciais de alfabetização. Nesse caso, a saída ainda está na elaboração de atividades de leitura e reescrita textual que possibilitem demonstrar que não só o som de *l* e de *u*, mas de outras letras e sons com relação poligâmica (onesto no lugar de honesto), dependendo da posição que ocupam nas palavras, são idênticos.

A possível dificuldade para compreender e selecionar os elementos principais em torno dos quais foi construído o enredo do conto faz surgir afirmações como "Ela pensava em tecelar um palácio. Ela conversol com o marido que queria tecelar um palácio". O desejo de tecer um palácio não era da mulher, e sim do homem; a decisão não resultou de uma conversa, mas, sim, de uma imposição do homem. Considerando o conto lido e as exigências do gênero resumo, essa inversão é problemática porque o papel exercido pelo homem e pela mulher na decisão de tecer bens materiais é fundamental para a compreensão do enredo. A não ser que o objetivo da atividade escrita tivesse sido fazer o aluno recriar a personagem, essa afirmação, além de incoerente, quando relacionada ao tema do conto, pode ser indício de que o aluno não compreendeu o que leu ou o que lhe foi pedido para escrever.

No plano sintático, a dificuldade para concatenar minimamente as ideias em períodos e orações resulta em afirmações embutidas uma dentro da outra: "também sonhava que quandava natureza brigasse quando ela tecelasse a natureza parase de brigar". A construção de estruturas sintáticas incompletas e justapostas gera incoerências semânticas. As relações entre sujeito e predicado precisam ser revisitadas, não para dizer quais são as suas regras de funcionamento, mas para explicar a importância do uso adequado na construção da estrutura e coerência textual. Como esse é um texto produzido por aluno da 7ª série (atual 8º ano), caberia primeiro um pedido para que relesse o que escreveu (isso poderia ajudá-lo a perceber a incoerência); segundo, caberia uma explicação sobre quais são os problemas sintáticos do período; e, por último, um pedido para que reescrevesse o período.

Uma hipótese de reescrita do período seria: "A moça também sonhava que guardava a natureza. Quando essa brigava, ela tecelava uma natureza que não brigava". Por essa hipótese, vemos que é necessário chamar a atenção do aluno para os seguintes pontos: a) definição do sujeito da oração iniciada pelo *também*; b) possibilidade de usar o conector *essa* para não repetir a palavra natureza logo no início da oração seguinte; e c) mudança do verbo *brigar* do modo subjuntivo para o indicativo.

As sinalizações textuais

As sinalizações textuais têm a função de organizar o texto, oferecendo ao leitor indicações sobre os movimentos que devem ser feitos para cima, para baixo, para frente ou para trás. Para realizá-los, é necessário que o sujeito que escreve manipule elementos de textualidade ligados ao campo da coesão e da coerência. A coesão textual envolve os mecanismos linguísticos que promovem a interligação da superfície textual e fazem o texto avançar, fluir sem perder a continuidade dos sentidos. Refere-se, portanto, ao modo como são inter-relacionados os recursos linguísticos para formar sequências vinculadoras de sentidos. A coerência refere-se ao modo como os componentes do universo textual – conceitos e relações subjacentes ao texto de superfície – são relacionados para permitir a construção do sentido do texto. O primordial para a coerência é a possibilidade de estabelecer relação, tanto semântica como pragmática, entre as sequências linguísticas para criar unidade de sentido (Koch, 1992).

Na sequência seguinte, o aluno nomeia a personagem no início e segue fazendo retomadas anafóricas somente pelo pronome pessoal *ela*: "Quando ela estava com fome era só ela tecelar o peixe que ele aparecia se ela estava com sede era só ela tecelar o leite e o leite aparecia Um dia ela estava se sentindo muito sosinha e ela tinha um sonho de ter um marido e ter filhos". A repetição do pronome como único meio de se referir à moça – também muito comum em outros tipos de textos – é um indício não só das dificuldades para utilizar os elementos de reativação do referente mas também do desconhecimento de que a construção de uma personagem, o modo de referirse a ela, é central para o desenvolvimento do enredo. A reconstrução do referente é responsável pela manutenção em foco do objeto do discurso.

Para evitar a linearização, no caso de narrativas com mais de uma personagem, e a ambiguidade, o aluno precisa saber de quais recursos gramaticais (numerais, advérbios que indicam espaço, pronomes, elipses etc.) pode lançar mão para construir o seu texto. É importante que tenha conhecimentos mínimos que permitam usar termos como *este*, *aquele*, *aqui*, *agora*, *lá*, *ele*, *ela* etc. para formar cadeias coesivas não desfocalizadas ou repetitivas. Entender e construir essas relações é indispensável, visto que são essenciais para a compreensão de que o texto é uma unidade, e não um apanhado de palavras ou sentenças.

Nesse sentido, apresentar classificações sobre o que é um advérbio ou um numeral não é a solução. Necessário é ensinar como usar tais classes gramaticais em um texto e mostrar como os usos inadequados podem provocar efeitos de sentidos truncados. Um texto bem escrito apresenta, em termos gerais, coerência no desenvolvimento do tema. Além das informações sobre o assunto, o sujeito que escreve precisa apresentar as informações organizadas e hierarquizadas, de modo que não sejam apenas sequências soltas. A coerência, em grande parte, depende, por exemplo, do uso dos chamados conectores – elementos que permitem o estabelecimento das relações lógicas que criam interdependência entre as estruturas do texto. Tais conectores possibilitam a construção de inter-relação entre os enunciados e destes com o evento da enunciação.

Mudando do texto narrativo para o argumentativo, no Texto D, a incoerência resulta de argumentos desordenados e, em muitos casos, contraditórios. O uso dos conectores *portanto* e *mas* marca nitidamente as incoerências. Antes de focar os conectores, vale salientar que, como toda atividade de linguagem é marcada por um processo de inscrição e responsabilidade do sujeito pelo discurso, dizer e desdizer pode indicar uma preocupação com o interlocutor – que pode ter uma posição diferente. A dificuldade do aluno para defender a tese de que um dos candidatos é melhor acarreta a produção de argumentos afirmativos e negativos sobre o candidato que procura defender, isto é, o desejo de preservar as faces faz surgir afirmações como "o Serra é bom se que e um mau caráter também". A incoerência é constituída pela relação de sentidos criada entre os argumentos.

> **Texto D**
> Eu se fosse grande eu ia vota no José Serra mas também graças a Deus eu novo sou mas falando sobre os presidenciais o lula e um cara onesto dizem os eleitores. Portanto o serra e o melhor.
> Pois o lula levou, 46,6 por sento dos votos e o lula e meio cara de pau, e tem eleitora meia cara de pau o lula e um mal caráter o Serra e bom se que e um mau caráter também. ele pessoa mau mas ele e legal. eu estou falando do José Serra.

Para garantir ao aluno a liberdade de sustentar sua posição com relação ao candidato X ou Y, nesse caso, é preciso chamar a atenção para o fato de que a articulação argumentativa, como atividade que organiza e estrutura os conteúdos acrescentados ao discurso, é um importante elemento de construção da coesão e coerência textual. Para construir essa articulação, é preciso eleger um ponto em torno do qual será defendida uma tese e, pelo exemplo exposto, podemos depreender que o aluno buscou defender a tese de que o candidato José Serra é o melhor, mas não conseguiu.

No primeiro período do texto – "Eu se fosse grande eu ia vota no José Serra mas também graças a Deus eu novo sou mas falando sobre os presidenciais o lula e um cara onesto dizem os eleitores. Portanto o serra e o melhor" –, o conector *portanto*, que tem função de introduzir um enunciado conclusivo em relação ao ato de fala anterior, produz efeito contrário ao que pressupõe o argumento que o antecede. Claramente o conector a ser utilizado é o *mas*, já que o argumento *Serra é o melhor* visa negar os discursos que dizem que Lula o seria.

O uso do operador de conjunção *mas também*, nesse caso, é desnecessário, e o efeito de sentido teria maior objetividade se fosse utilizado somente o *mas*. Talvez por ter ouvido que deveria evitar repetições, o aluno seguiu usando aleatoriamente conectores diferentes.

Esses elementos têm a função de construir encadeamento sucessivo para os enunciados, garantindo a orientação do discurso e a estruturação coerente do texto. Para Koch (1992), chamar a atenção do aluno para as diferentes relações e os diferentes efeitos de sentido que os conectores discursivos podem estabelecer é o primeiro passo de uma estratégia que vise superar as dificuldades de uso desses elementos linguísticos. Segundo a autora, uma das formas de superar esses problemas é realizar atividades de leitura de pequenos textos ou proposições que levem o aluno a conhecer e compreender as relações que tais conectores estabelecem. Daí a sugestão de atividade inspiradora, que segue, ser um quebra-cabeça com os conectores interfrásticos.

Atividade inspiradora

Brincando de juntar peças

O objetivo principal desta atividade é o de, ludicamente, chamar a atenção para o fato de que o texto é uma unidade resultante do uso articulado. Em especial, ela visa levar o aluno a focalizar o funcionamento dos conectores interfrásticos[1], elementos que – se bem usados – podem evitar ambiguidades e estabelecer os encadeamentos necessários para tornar o texto uma peça de leitura mais agradável.

Observe como ocorre a montagem dessa atividade.

---

[1] O termo "conector interfrástico" é utilizado na linguística textual para designar os elementos linguísticos que marcam os processos de sequencialização, exprimindo as diferentes formas de interdependência semântica e/ou pragmática que ocorrem entre os enunciados que compõem a superfície de um texto.

CAPÍTULO 9 Problemas Comuns no Processo de Ensino da Escrita

Primeiro passo: estudo da teoria

Como nos pareceu que o conceito de conector interfrástico era importante o suficiente para justificar o investimento necessário no estudo teórico, nosso primeiro passo foi fazer um levantamento bibliográfico sobre esse conceito. Escolhemos o texto de Koch (1992), no qual a autora define conectores interfrásticos como as palavras que servem para estabelecer relação entre as informações que compõem o texto e apresenta os conectores existentes na Língua Portuguesa, fornecendo vários exemplos. No Quadro 9.1 expomos a classificação adotada pela autora.

Quadro 9.1 *Conectores da Língua Portuguesa de acordo com Koch*

CONECTORES DO TIPO LÓGICO	ENCADEADORES DE DISCURSO
• Relação de condicionalidade • Relação de causalidade • Relação de mediação • Relação de disjunção • Relação de conformidade • Relação de temporalidade • Relação de complementação • Relação de delimitação ou restrição	*Operadores argumentativos:* • Operadores de conjunção • Operadores de disjunção argumentativa • Operadores de contrajunção • Operadores de justificativa ou explicação • Operadores de conclusão • Operadores de comparação *Operadores de sequencialização:* • Sequencialidade temporal • Sequencialidade textual

Os conectores lógicos evidenciam o tipo de relação que se estabelece entre o conteúdo de duas proposições enunciadas por um único ato de fala. Já os encadeadores discursivos possibilitam que atos de fala diferentes sejam sequencializados, ordenados ao longo de um texto. Ambos servem para estabelecer o encadeamento por meio de conexão, estabelecendo relações entre enunciados que podem ser de caráter lógico-semântico ou discursivo argumentativo, ou seja, são importantes recursos para a construção da progressão textual (Koch, 1992).

Segundo passo: construção de exemplos adequados ao grupo de alunos com o qual o professor quer trabalhar

Trata-se de construir exemplos dos fenômenos contemplados no texto teórico adaptados à realidade linguística da turma. Com base nos exemplos trabalhados por Koch, construímos os exemplos que estão no Quadro 9.2.

Quadro 9.2 *Enunciados para serem usados no jogo dos conectores interfrásticos*

COLUNA 1	COLUNA 2	COLUNA 3
Apanhei os frutos	que	estavam maduros.
Casou-se com um mulherengo.	Mais tarde,	arrependeu-se amargamente.
Eu me surpreendi com aquela atitude,	embora	eu tenha convivido com ele por séculos.
Eu comi tanto	que	fiquei com a barriga estufada.
Não sei	se	você vai gostar da nota que tirou.
Macaco	que	muito pula acaba quebrando o galho.
Eu fiz o almoço	conforme	você me mandou, patroa.
Primeiro deu-lhe um soco,	depois,	um chute no estômago.
Trabalhei demais ontem,	por isso	fiquei cansada.
Fiz o que pude	para que	ele liberasse sua entrada no show.

CAPÍTULO 9 Problemas Comuns no Processo de Ensino da Escrita

COLUNA 1	COLUNA 2	COLUNA 3
Você deve escolher: venha de branco	ou	vista-se de negro.
Ela é uma porca. Não toma banho	nem	escova os dentes.
Espero	que	você não traia minha confiança.
Eu quase tive um treco	no momento em que	percebi o ladrão dentro de casa.
Caso	você pare de me atormentar,	vou te levar para o cinema.
Por favor, não insista:	depois que	eu terminar a aula, falo com você.
Ela veste roupa justa	só para	chamar a atenção dos homens.
Se você	comer menos,	vai emagrecer.
Joguei fora as roupas	que	não me serviam mais.
Você quer café	ou	prefere chá?
Ela é tão chata	que	não tem amigos.
Ele já deve estar dormindo,	pois	todas as luzes já estão apagadas.
Eu tinha planejado um piquenique a semana inteira,	mas	logo no domingo caiu um enorme toró.
Ela caiu	porque	pisou em uma casca de banana.
Eu estava com muita raiva,	entretanto	não deixei que ele percebesse.
Eu ligo para a sua casa	assim que	eu chegar do trabalho.
Por	ter estudado bastante,	passou no exame de matemática.

COLUNA 1	COLUNA 2	COLUNA 3
Ele é bonito, charmoso e carinhoso,	além disso,	é rico.
Ela não estudou nada,	portanto,	foi reprovada.
Ela se maquiou	segundo	a revista Claudia havia indicado.
Pare de chorar menino,	que	eu lhe dou um doce.
Depois que	você terminar os deveres de casa,	pode ir brincar.

Terceiro passo: idealizar o jogo

Ao escolher os exemplos que você acaba de ler, imaginamos que o modo mais interessante de trabalhar com eles seria montar quebra-cabeças de papel a ser jogado pelos alunos.

Como montar o *kit* de quebra-cabeças e executar a atividade?

Comece considerando que nossa experiência nos mostrou que a proporção ideal de quebra-cabeças é a de um envelope para cada quatro alunos. Sendo assim, se você tem uma sala de 40 alunos, vai precisar de dez envelopes.

Material necessário:

- Papel de três cores diferentes (exemplo: amarelo, verde, rosa);
- Tesoura;
- Envelopes para guardar cada quebra-cabeça.

Considerando os exemplos transcritos no Quadro 9.2:

- imprima ou copie a coluna 1 em papel amarelo;

- imprima ou copie a coluna 2 em papel verde;
- imprima ou copie a coluna 3 em papel rosa;
- recorte cada um dos quadrinhos e guarde tudo em um envelope.

Pronto! No dia que você julgar conveniente trabalhar com conectores interfrásticos, junte grupos de quatro alunos e dê um envelope para cada um. Diga para eles montarem 32 frases, de acordo com as seguintes regras:

- Não pode sobrar peça; e
- Cada frase deve, necessariamente, ser montada com um elemento de cada cor.

Deixe-os trabalhando livremente por cerca de 45 minutos. Decorrido esse período, compare as frases obtidas pelos grupos e solicite que todos da sala se manifestem a respeito de cada uma das produções. Por ser muito rico, esse momento deve ser explorado. Muitas vezes os alunos montam frases não previstas em sua matriz, mas que, mesmo assim, são perfeitamente adequadas na língua corrente. Exemplos:

- Ela é tão chata que fiquei cansada.
- Eu fiz o almoço segundo a revista Claudia havia indicado.

Do mesmo modo, algumas vezes frases truncadas são montadas sem que os alunos se deem conta. Exemplos:

- Trabalhei demais ontem segundo fiquei cansada.
- Ela caiu assim que eu chegar do trabalho.

A discussão a respeito da falta de pertinência de alguns enunciados, bem como sobre seus principais motivos, é tão relevante quanto a do quebra-cabeça, pois pode dar origem a discussões instigantes e esclarecedoras.

Quando estiverem esgotadas as discussões, você pode distribuir uma folha com lacunas para que os alunos registrem as frases do quebra-cabeça e classifiquem os conectores de acordo com a terminologia proposta por Koch. O gabarito do exercício está transcrito no Quadro 9.3, a seguir.

Quadro 9.3 *Gabarito da classificação dos conectores interfrásticos utilizados no quebra-cabeça*

1. Apanhei os frutos que estavam maduros. (restrição)
2. Casou-se com um mulherengo. Mais tarde, arrependeu-se amargamente. (sequencialidade temporal)
3. Eu me surpreendi com aquela atitude, embora eu tenha convivido com ele por séculos. (contrajunção)
4. Eu comi tanto que fiquei com a barriga estufada. (causalidade)
5. Não sei se você vai gostar da nota que tirou. (complementação)
6. Macaco que muito pula acaba quebrando o galho. (restrição)
7. Eu fiz o almoço conforme você me mandou, patroa. (conformidade)
8. Primeiro deu-lhe um soco, depois, um chute no estômago. (sequencialidade temporal)
9. Trabalhei demais ontem, por isso fiquei cansada. (causalidade)
10. Fiz o que pude para que ele liberasse sua entrada no show. (mediação)
11. Você deve escolher: venha de branco ou vista-se de negro. (disjunção)
12. Ela é uma porca. Não toma banho nem escova os dentes. (conjunção)
13. Espero que você não traia minha confiança. (complementação)
14. Eu quase tive um treco no momento em que percebi o ladrão dentro de casa. (temporalidade)
15. Caso você pare de me atormentar, vou te levar para o cinema. (condicionalidade)
16. Por favor, não insista: depois que eu terminar a aula, falo com você. (temporalidade)

CAPÍTULO 9 Problemas Comuns no Processo de Ensino da Escrita

17. Ela veste roupa justa só para chamar a atenção dos homens. (mediação)
18. Se você comer menos, vai emagrecer. (condicionalidade)
19. Joguei fora as roupas que não me serviam mais. (restrição)
20. Você quer café ou prefere chá? (disjunção)
21. Ela é tão chata que não tem amigos. (causalidade)
22. Ele já deve estar dormindo, pois todas as luzes já estão apagadas. (justificativa ou explicação)
23. Eu tinha planejado um piquenique a semana inteira, mas logo no domingo caiu um enorme toró. (contrajunção)
24. Ela caiu porque pisou em uma casca de banana. (causalidade)
25. Eu estava com muita raiva, entretanto não deixei que ele percebesse. (contrajunção)
26. Eu ligo para a sua casa assim que eu chegar do trabalho. (temporalidade)
27. Por ter estudado bastante, passou no exame de matemática. (causalidade)
28. Ele é bonito, charmoso e carinhoso, além disso, é rico. (conjunção)
29. Ela não estudou nada, portanto, foi reprovada. (conclusão)
30. Ela se maquiou segundo a revista Claudia havia indicado. (conformidade)
31. Pare de chorar menino, que eu lhe dou um doce. (complementação)
32. Depois que você terminar os deveres de casa, pode ir brincar na rua. (sequencialidade temporal)

Para finalizar, gostaríamos de sugerir mais dois procedimentos:

1. Agrupar e comparar os enunciados que têm a mesma relação lógica. Exemplos: Eu comi tanto que fiquei com a barriga estufada; Ela é tão chata que não tem amigos.
2. Solicitar a criação de novas possibilidades com a mesma relação. Baseando-se nos exemplos dados, poderiam gerar, por exemplo, "Ele é tão lindo que eu gamei".

Para ler mais sobre o tema

CARDOSO, Cancionila Janzkovski. *A socioconstrução do texto escrito*: uma perspectiva longitudinal. Campinas: Mercado de Letras, 2003. A autora, por meio de um estudo longitudinal envolvendo alunos da 1ª à 4ª série (atualmente, 2º a 5º ano) do Ensino Fundamental, analisa os caminhos que a criança segue para produzir um texto escrito. O ponto de partida teórico contempla as condições sociais e históricas que influenciam no processo de escrita, daí o título. Trata-se de importante referência para quem busca compreender os problemas cotidianos de textos escolares.

KOCH, Ingedore Grunfeld Villaça. *Desvendando os segredos do texto*. São Paulo: Cortez, 2002. Apresenta discussões sobre concepções de linguagem, sujeito e texto dentro da linguística textual (LT). Defendendo que a trama textual é construída por movimentos cognitivo-discursivos de retroação e avanço contínuos, a autora oferece aos leitores interessados em questões de texto e linguagem informações fundamentais sobre processos e estratégias de construção de sentidos mobilizados nas atividades de produção/compreensão de textos.

_____. *Introdução à linguística textual*. São Paulo: Martins Fontes, 2004. Apresenta a trajetória e as mudanças que ocorreram no campo da linguística textual. Em um segundo momento, com base no levantamento dos principais temas de interesse desse campo, discute os princípios de construção de sentidos do texto, ou seja, aborda como a LT, nos dias atuais, trata as questões de coesão e coerência. As análises desenvolvidas em textos orais e escritos são de suma importância para o conhecimento dos recursos linguísticos que precisamos manusear para produzir tanto um texto oral como um texto escrito.

Referências bibliográficas

CARDOSO, C. J. *A socioconstrução do texto escrito:* uma perspectiva longitudinal. Campinas: Mercado de Letras, 2003.

COLASANTI, M. A moça tecelã. In: *Doze reis e a moça no labirinto do vento.* São Paulo: Círculo do Livro, 1982, p. 9-13.

GERALDI, C. M. G.; RIOLFI, C. R.; GARCIA, M. de F. (orgs.). *Escola viva:* elementos para a construção de uma educação de qualidade social. Campinas: Mercado de Letras, 2004.

GERALDI, J. W. *Portos de passagem.* São Paulo: Martins Fontes, 1991.

KOCH, I. G. V. Dificuldades na leitura/produção de textos: os conectores interfrásticos. In: CLEMENTE, E. (org.). *Lingüística aplicada ao ensino de português.* Porto Alegre: Mercado Aberto, 1992, p. 83-98.

_____. *Desvendando os segredos do texto.* São Paulo: Cortez, 2002.

_____. *Introdução à lingüística textual.* São Paulo: Martins Fontes, 2004.

LEMLE, M. *Guia teórico do alfabetizador.* São Paulo: Ática, 2004.

MELO NETO, J. C. de. Catar feijão. In: *Obra completa.* Rio de Janeiro: José Olympio, 1994, p. 345.

CAPÍTULO 10

Diagnóstico de escrita do texto narrativo: exemplificando passo a passo

Questão para reflexão

Veja a seguir proposta de redação que uma professora de Língua Portuguesa da rede municipal de ensino da cidade de São Paulo utilizou visando diagnosticar a produção textual de uma turma da antiga 6ª série do Ensino Fundamental.

Produção de texto

Instruções específicas para a redação:
1. Faça um rascunho de 15 a 20 linhas.
2. Passe o rascunho a limpo com letra regular e legível.
3. Passeando por uma rua, você vê o cartaz abaixo.

PROCURO!
PERIQUITO AZUL
ATENDE PELO NOME DE FERNANDO
Tel.: 3666.94** / **95.7668
OBRIGADA, ROSANA

(*O Estado de S. Paulo*, caderno 6, 19 set. 2003)

> Baseado nele, crie uma história com personagens, ambientes, início, meio e fim.

Um dos alunos, um rapaz de 14 anos, produziu o seguinte texto:

1 Eu estava vindo da escola com os meus
2 colegas e cada um foi inda pela sua ria
3 e eu fui indo eu e meu colega quando
4 Nos estavamos dicendo uma rua nos vemos
5 um cartas dizendo uma procuro! periquito
6 Azul atende pelo nome do Fernando e ligue pelo
7 número 36**-9464/**95-7668.
8 Ai continuamos em frente ai meu amigo
9 foi para casa dele.
10 Quando eu estava chegando em minha casa e
11 eu vir o periquito azul que eu vir no cartas
12 lá atras, ae eu pegei o periquito e voltei la atras
13 Para ver o numero no cartas a eu olhei o telefo-
14 ne e liguei para o Fernando e falei e o fernando que
15 Esta falando ele falou e o fernando e porque eu achei o
16 seu periquito, ai eu falo pra encontrar la onde esta o cartas.

Entre vários problemas que podem ser apontados nessa produção, destacamos a presença de um efeito de sentido excêntrico. Ele parece não considerar que, quando alguém responde a um anúncio de animal perdido, não costuma telefonar para o animal, e sim para o seu dono! Quando o professor de Língua Portuguesa encontra, nos textos de seus alunos, impasses exóticos como esse, tende a desistir do investimento necessário para ajudar a criança. Na direção oposta, interrogamos:

CAPÍTULO 10 Diagnóstico de Escrita do Texto Narrativo: Exemplificando Passo a Passo

> A compreensão do percurso de elaboração que o aluno constrói individualmente é um elemento constitutivo da criação de estratégias de ensino ou se trata de ação para além dos limites do professor?

Estudando a teoria e os aspectos metodológicos

Desde o início desta obra, insistimos na ideia de que é imperativo que o professor de Língua Portuguesa construa estratégias que possibilitem ao jovem ressignificar a cultura.

Neste momento, em que discutimos o ato de ensinar a escrever, apresentamos o passo a passo de um percurso cujo objetivo é verificar o conhecimento do aluno sobre os elementos básicos que compõem a estrutura de um texto narrativo. O exemplo a seguir deve ser tomado como fonte inspiradora para que o professor produza seus próprios dispositivos e deles faça uso como ponto de partida para planejar e organizar seu programa.

Percurso do diagnóstico

Para começar a elaboração de um exercício diagnóstico da produção textual de um aluno, o *primeiro passo* é refletir sobre os contornos ideais do texto a ser avaliado. Como não acreditamos na existência de um modelo universal de bom texto, faz-se necessário estabelecer parâmetros claros que possibilitem ao professor localizar a produção de cada um dos alunos. Assim, o professor terá subsídios para saber o que lhes falta ensinar.

Não se trata, portanto, de entrar no mérito de saber se o modelo de narrativa adotado pelo professor para compor o quadro diagnóstico está ou não em consonância com as teorias universitárias mais recentes. O "modelo" descreve apenas o ponto final que o professor julga ser o lugar viável de "chegada" de seus alunos após certo percurso de trabalho.

O *segundo passo* é elaborar um quadro em que figurem as maneiras de utilizar os componentes da narrativa. Esse quadro, posteriormente, deve ser estudado com os alunos.

O Quadro 10.1 apresenta os componentes mais comuns de uma narrativa tradicional e o modo como são utilizados. Com base nessas informações, o aluno terá parâmetros mais seguros para definir o texto narrativo e, consequentemente, mais segurança para desenvolver um texto desse tipo. O professor, por sua vez, saberá, de forma menos intuitiva, que objetivos deseja alcançar ao final da atividade com o texto narrativo.

Quadro 10.1 *Modelo de narrativa escolar*

1. Personagens: devem ser apresentadas com clareza, preferencialmente com nome próprio ou outro tipo de designação. A descrição pormenorizada das características físicas e psicológicas das personagens é fundamental para compor o enredo da narrativa de modo coerente. Se, em virtude do enredo, uma nova personagem entrar ou sair da narrativa, é necessário explicitar no texto os motivos do ocorrido.
2. Espaço: deve ser designado ou aludido quando se tratar de lugar existente no mundo real; se for um lugar que existe no mundo ficcional, deve ser descrito com riqueza de detalhes. O autor deve coadunar o espaço e as personagens que vivem nesses locais. Quando se decide, por exemplo, colocar uma personagem rica morando em um barraco, é necessário explicar como ela foi parar lá.
3. Tempo: uma narrativa pode se passar em qualquer tempo, ou mesmo no tempo mítico, típico dos contos de fada, nos quais se supõe o "Era uma vez". De qualquer modo, como no espaço, o autor deve fazer uma ligação entre o tempo eleito e as personagens inventadas no que diz respeito a vestuário, vocabulário, gestos possíveis etc.
   3.1. Progressão temporal: do mesmo modo que podemos organizar a progressão textual de acordo com os moldes do tempo lógico, podemos fazê-lo segundo os moldes do tempo psicológico, mas, em ambos os casos, é necessário localizar o leitor por meio de marcas temporais explícitas.

CAPÍTULO 10 Diagnóstico de Escrita do Texto Narrativo: Exemplificando Passo a Passo

> 4. Enredo: o autor deve selecionar uma história que valha a pena ser contada, ou seja, deve-se destacar dos acontecimentos irrelevantes do cotidiano um ponto que possa despertar interesse. Antes de partir para o registro escrito da narrativa, é aconselhável se perguntar: vale a pena para alguém gastar tempo lendo esta história? Ela tem os elementos necessários para despertar alguma emoção no leitor?
> 4.1. Recorte: toda narrativa tem um limite material de tamanho, determinado pela consigna da tarefa, pelo tamanho da folha, e assim por diante. Contar tudo não é possível, por isso é necessário fazer um recorte preciso do começo e do fim do segmento narrado. Um erro de avaliação do recorte pode pôr a perder uma boa história: curto demais, o leitor não entenderá o pretendido; longo demais, entediará quem, no início, teve boa vontade.
> 5. Recursos estilísticos: contar histórias é uma arte. Às vezes selecionamos um bom fato, mas a falta de charme do narrador é desanimadora. Após registrada a versão básica do enredo, é necessário burilar os recursos estilísticos fazendo uma série de operações típicas da fase de pós-escrita (anterior à revisão), como inserção de diálogos, metáforas, imagens, inversão de partes do texto e assim por diante.

O *terceiro passo* para a realização do diagnóstico é compartilhar com os alunos os parâmetros utilizados para avaliar a produção escrita. Não se trata de ministrar uma aula teórica a respeito do assunto, mas de organizar as demais atividades de tal modo que a própria progressão delas seja um exemplo vivo do modelo adotado. É, portanto, tendo em vista esses parâmetros que o professor elabora a proposta de redação e, com base nela, coleta a produção de seus alunos visando à elaboração do diagnóstico.

Um exemplo concreto de percurso do diagnóstico

Deste ponto em diante, não se trata mais de trabalhar em âmbito abstrato, mas de colocar a mão na massa. Para dar continuidade à nossa reflexão, apresentamos um exemplo de exercício diagnóstico realizado por alguns colegas, professores de escolas públicas da cidade de São Paulo. No Quadro 10.2, você encontrará três narrativas que foram escritas por alunos da antiga 6ª série do Ensino Fundamental.

Essas narrativas foram selecionadas por serem consideradas as mais problemáticas. Em relação aos temas, a primeira teve como proposta um tema livre; a segunda foi baseada em uma sequência de imagens retirada do livro *A bruxinha atrapalhada* (Furnari, 2000); e a terceira teve como base o enunciado que apresentamos no início deste capítulo.

O *quarto passo* é analisar as redações de maneira a identificar os principais problemas. Por esse motivo, antes de prosseguir, solicitamos uma primeira leitura dos três textos, que foram transcritos mantendo-se os dados originais, inclusive a disposição gráfica no papel escolhida pelo aluno.

Quadro 10.2 Textos coletados em escolas públicas da cidade de São Paulo

NARRATIVA 1	NARRATIVA 2	NARRATIVA 3
1 e um vesi que eli não qeria secaza e ele	1 era uma vez uma Bruxa qui estava abrindo a porda	1 Era uma veiz uma menina muito
2 cotimua a desiguti e ele dricou e eli deu	2 e ela consegiu e emtrou e o gato também e ela emtrou	2 imteligete que a dorava estuda com
3 uma tapa na cara de e aposi .10 dias	3 e viu tudo azul e ai ela vez uma mágica e colocou	3 as amiga e na escola a dorava brinça
4 els secazarã e vivei velis para cepr e	4 estrela e a lua e ai ela vez uma mágica e colocou	4 coen as colega e era uma criança muito
5 stivera .2 filhosi e uma dia eli pegou	5 estrela e a lua e ela ficou olhamdo a lua e	5 feliz e todo dia a codava muito feliz

CAPÍTULO 10 Diagnóstico de Escrita do Texto Narrativo: Exemplificando Passo a Passo

NARRATIVA 1	NARRATIVA 2	NARRATIVA 3
6 um o pegeta e natiu um casetada no	6 as estrela e ela vez outra mágica e colocou	6 Ela queria a judá o pais estuda e
7 cabeso e xegu o policia e levou preza e	7 o mato e falou – eu vou colocar o mato para	7 trabalha ela queria tem um futuro meilo
8 o. marido para ositi-tou e ele vai 4 potosi	8 viera uma cama e ela vez uma came	8 uma criança feliz pote sua mãe e ais
9 no cabso e eu vicoeu se um a briro	9 e ela ficou olhando para came e deitou	9 pai e a mãe a juda muito nas
10 i di posi vesi um veageni para catoratori	10 e dormil e Fim da Historia	10 lição de casa.
11 e vieu zasi para sepri.	11 FIM	11 citodo pais siprecupase pela O estudo do
		12 filha não em este filhos fumado droga
		13 e nei matado e tem muito pais que não
		14 dá a mínima proque o filho tafastado
		15 sita matado sita robado

Ressalte-se que, durante esse passo, é fundamental ater-se aos seguintes princípios éticos, pressupostos à decisão da realização de diagnóstico:

1. **Escuta atenta da voz do aluno:** consiste na disposição para buscar o não dito que permanece opacificado pelas dificuldades que o aluno tem em lidar com a Língua Portuguesa;
2. **Disposição para, no primeiro momento, emprestar suas palavras ao aluno:** refere-se à adoção de uma atitude colaborativa em relação às produções pouco elaboradas, visando torná-las bem escritas o suficiente para que, posteriormente, o aluno possa perceber a distância que separa suas produções do padrão de texto esperado para sua faixa etária e nível de escolaridade; e
3. **Uso da técnica para diferenciar correção gramatical dos demais aspectos da produção textual:** refere-se à formação profissional que permite ter discernimento suficiente com relação à produção do aluno visando manter uma linha de conduta pautada nos critérios previamente estabelecidos por ocasião da formalização de nosso texto ideal.

Posto isso, os desdobramentos lógicos são, caso necessário, convidar os alunos a lerem seus textos em voz alta e efetuar o estabelecimento de uma versão normatizada das produções escritas. No caso apresentado, esses foram o *quinto* e o *sexto passos*[1]. No Quadro 10.3, os textos estão reescritos, considerando a leitura oral realizada pelos alunos.

O *sétimo passo* é a construção de uma grade analítica que considere o modelo de narrativa escolar adotado, focalizando de maneira pormenorizada seus elementos estruturais. Observe o Quadro 10.4.

---

[1] Quando o texto analisado tem melhor legibilidade, esses dois passos não são necessários.

Quadro 10.3 *Versão normatizada gramaticalmente*

NARRATIVA 1	NARRATIVA 2	NARRATIVA 3
Era uma vez um homem que não queria se casar. Ele continuou a discutir. Ela brigou e ele deu um tapa na cara da esposa dez dias após o casamento. Viveram felizes para sempre e tiveram dois filhos. Um dia, ela pegou um objeto e deu uma cacetada na cabeça dele. Chegou a polícia e a levou presa. O marido (foi levado) para hospital e levou quatro pontos na cabeça. (Consequentemente) eu fiquei sem abrigo. Depois, fiz uma viagem para Pirapora. Vivi feliz para sempre.	Era uma vez uma Bruxa que estava abrindo a porta. Ela conseguiu e entrou e o gato também. Após ter entrado, ela viu tudo azul. Ela fez uma mágica e colocou as estrelas e a lua e ficou olhando para elas. Ela fez outra mágica e colocou o mato. Declarou: eu coloquei o mato para virar uma cama. Ficou olhando para a cama. Deitou e dormiu e fim de história.	Era uma vez uma menina muito inteligente que adorava estudar com as amigas. Na escola, adorava brincar com as colegas. Era uma criança muito feliz. Todo dia, acordava muito feliz. Ela queria ajudar os pais. Queria estudar e trabalhar. Queria um futuro melhor. Uma criança é feliz por ter mãe e pai que ajudam muito nas lições de casa. Se todos pais se preocupassem com os estudos dos filhos não existiriam filhos usando drogas e nem matando. Tem muitos pais que não dão a mínima para o fato do filho estar afastado e (nem se preocupam) se estão matando ou roubando.

Ensino de Língua Portuguesa

Quadro 10.4 *Grade diagnóstica para avaliação do texto narrativo*[2]

1. PERSONAGENS
1.1. São as mesmas do início ao fim da narrativa? ( )0 ( )1 ( )2 ( )3 ( )4 1.2. Compõem um todo orgânico no enredo? ( )0 ( )1 ( )2 ( )3 ( )4 1.3. Estão caracterizadas física e/ou psicologicamente? ( )0 ( )1 ( )2 ( )3 ( )4 1.4. Têm nome ou menção equivalente? ( )0 ( ) 1( )2 ( )3 ( )4
2. ESPAÇO
2.1. Está nomeado ou há alusão a esse aspecto? ( )0 ( )1 ( )2 ( )3 ( )4 2.2. Foi descrito de modo verossímil? ( )0 ( )1 ( )2 ( )3 ( )4 2.3. Foi pensado de modo a ser relevante para a construção da narrativa? ( )0 ( )1 ( )2 ( )3 ( )4
3. TEMPO
3.1. Está explicitado ou há alusão a esse aspecto? ( )0 ( )1 ( )2 ( )3 ( )4 3.2. Foi trabalhado no que se refere à progressão temporal de modo que seja relevante para a construção da narrativa? ( )0 ( )1 ( )2 ( )3 ( )4 3.3. Exerceu efeitos sobre a construção das personagens e de suas ações? ( )0 ( )1 ( )2 ( )3 ( )4
4. ENREDO E RECORTE
4.1. Foi selecionado um fato que vale a pena ser contado? ( )0 ( )1 ( )2 ( )3 ( )4 4.2. O recorte do fato selecionado não está nem grande nem pequeno demais? ( )0 ( )1 ( )2 ( )3 ( )4

---

[2] A sequência numérica encontrada após cada pergunta corresponde à seguinte gradação: 0 = não há ocorrência do item; 1 = precário; 2 = razoável; 3 = satisfatório; e 4 = plenamente satisfatório.

5. RECURSOS ESTILÍSTICOS

5.1. Há presença clara de recursos estilísticos que denotam ter havido reescrita?
( )0 ( )1 ( )2 ( )3 ( )4

5.2. Os recursos escolhidos são apropriados para criar efeitos no enredo?
( )0 ( )1 ( )2 ( )3 ( )4

5.3. Os recursos escolhidos deixam entrever que o autor tinha clareza dos efeitos que pretendia causar no leitor (riso, choro, indignação e assim por diante)?
( )0 ( )1 ( )2 ( )3 ( )4

O *oitavo passo* refere-se à leitura cuidadosa da versão normatizada quanto ao aspecto gramatical e ao preenchimento da grade diagnóstica. Ao final do preenchimento da ficha, o professor terá à disposição um mapeamento dos conhecimentos do aluno. A grade preenchida com as menções para cada texto permite a leitura profissional que, ao se distanciar do senso comum, pode proporcionar surpresas.

Em nossa análise, ao contrário do que um primeiro exame parecia indicar, a Narrativa 1 foi considerada a que mais se aproximou do modelo de narrativa escolar destacado no Quadro 10.1. Quando não focalizamos apenas suas propriedades gramaticais, visualizamos uma história digna de ser lida. Há personagens que discutem, brigam, casam-se, têm vida e movimento.

Isso não significa indiferença aos problemas apresentados na narrativa. Conduzindo a análise mais detalhada, podemos perceber, por exemplo, que a marcação temporal tem influência das narrativas dos contos de fadas. "Ser feliz para sempre" é uma expressão que aparece duas vezes, nas linhas 4 e 11. Em nenhuma das duas é adequada e parece ter sido a maneira encontrada para registrar uma longa duração temporal.

Os espaços da narrativa ficaram mal definidos. Não há pistas para identificar os ambientes e os lugares, nem os tipos pessoais, pois não há descrições desses elementos no texto. A narrativa é muito pobre em descrições físicas e psicológicas, atendo-se muito mais aos fatos do que aos elementos externos. Em relação ao estilo, não há marcas no texto que nos assegurem ter havido reescrita.

Em relação às Narrativas 2 e 3, estas se distanciaram ainda mais do modelo adotado. Na segunda, o aluno limita-se à descrição de imagens, sugerindo uma sucessão de eventos. Não há enredo nem fato relevante sendo contado; há, tão-somente, a apresentação de uma sequência de ações. Os espaços não são descritos, e menos ainda a personagem. Do mesmo modo, não há marcas que identifiquem reescrita.

A terceira narrativa, por sua vez, desconsidera por inteiro as instruções fornecidas pela professora. Em vez de tratar do desaparecimento do periquito Fernando, inicia a narrativa versando sobre a vida de uma menina inteligente e, sem aviso, evolui para uma espécie de "moral da história". Sendo assim, a história termina sem ter começado.

O *nono passo* é o cotejamento da análise dos textos com nosso modelo de narrativa, ação que nos torna aptos a localizar os pontos fortes e fracos. Observe o Quadro 10.5 a seguir:

Quadro 10.5 *Pontos diagnosticados*

	NARRATIVA 1	NARRATIVA 2	NARRATIVA 3
Pontos fortes	Temática relevante; recorte preciso; seleção de fato interessante para ser narrado; consideração dos elementos mínimos da narrativa; envolvimento pessoal do autor durante o ato de narrar.	Atendeu à proposta: descrever as cenas vistas no livro.	Esboça intenção de recortar um fato relevante a ser narrado.

CAPÍTULO 10 Diagnóstico de Escrita do Texto Narrativo: Exemplificando Passo a Passo

	NARRATIVA 1	NARRATIVA 2	NARRATIVA 3
Pontos fracos	Dificuldade de utilizar-se dos dispositivos linguísticos necessários para construir textualmente o espaço e o tempo na narrativa; detalhes insuficientes na construção das personagens; dificuldade de toda ordem com relação à norma-padrão.	Temática pouco relevante; fato selecionado gera pouco interesse no leitor; não estão presentes os elementos mínimos da narrativa; dificuldade no uso dos dispositivos linguísticos para a construção da narrativa; dificuldades em relação ao uso da norma-padrão.	Não atende à proposta inicial; não houve compreensão dos elementos necessários para a construção de uma narrativa; dificuldade no uso dos dispositivos linguísticos para a construção da narrativa; dificuldades em relação ao uso da norma-padrão.

Por fim, o *décimo passo* refere-se à utilização dos dados sistematizados para fundamentar a criação de um programa de ações – a ser desenvolvido durante certo período de tempo – que possa sanar os principais problemas elencados. Tendo como ponto de partida o diagnóstico da situação linguística dos alunos, é possível simular o percurso de elaboração que o aluno constrói individualmente para criar estratégias de ensino.

Sugestão de intervenção: nomes próprios

Como um dos pontos mais delicados da prática do professor de Língua Portuguesa refere-se à "correção" das produções escritas de seus alunos, apresentamos uma sugestão de intervenção bastante simples que melhora, dramaticamente, a legibilidade da Narrativa 1.

Lendo atentamente esse texto, chamou-nos a atenção o uso pouco convencional dos pronomes pessoais, que obriga o leitor a interrogar-se, reiteradas vezes, a quem o aluno está se referindo.

Do mesmo modo, a inexistência de título, uma espécie de "nome próprio" do texto, não dispara um processo de criação de hipóteses que o leitor de modo intuitivo faz antes de iniciar a leitura propriamente dita. Por esse motivo, uma das primeiras intervenções que o professor poderia fazer seria inserir nomes próprios, refinando o processo de criação de referências textuais.

Veja como essas três operações simples (inclusão do título, substituição de pronomes pessoais por nomes próprios e correção ortográfica do nome do bairro) podem produzir alterações significativas na legibilidade do texto analisado:

COMO VIM PARA PIRAPORA
e um vesi que Pedro não qeria secasa e Pedro
cotimua a desiguiti e Pedro dricou e deu
uma tapa na cara de e apósi .10dias
els secazarã e vivei velis pra cepr e
stivera .2 filhosi e uma dia Maria pegou
um o pegeta e natiu um casetada no
Cabeso e xegu o policia e levou preza e
o. marido para o osititou e Pedro vai 4 potosi
no cabso e eu vicoeu se um a briro
i di posi vesi um veageni para Pirapora
e vieu zasi para sepri.

Para concluir, gostaríamos de ressaltar que, mesmo ao depararmos com textos que se localizam abaixo da linha média do que costuma ser a produção de nossos alunos, percebemos, no fim da criação do diagnóstico, que, mesmo nas condições mais difíceis, podemos intervir de modo positivo para ajudar o aluno a "bem-dizer". A pré-condição para que isso aconteça é nos atermos a uma posição ética que nos impulsione a escolher a insistência pelo ensino.

Atividade inspiradora

Jogo "Consequências"

A seguir, você encontrará a descrição de um outro jogo recolhido de brincadeiras espontâneas das crianças. Optamos por incluí-lo tendo em mente o modelo de narrativa apresentado ao longo do capítulo. Trata-se, portanto, de mais um exemplo de atividade (entre muitas) que pode ser utilizada para ajudar os alunos a narrar bem.

Esse é um jogo que mobiliza vários dos elementos da narrativa, fazendo com que o aluno os utilize de modo intuitivo.

Objetivos: apresentar a estrutura básica do texto narrativo aos alunos; servir de ponto de partida para a produção de textos narrativos bem estruturados.

Material: caderno, lápis, borracha e folhas de papel avulsas.

Passo a passo: os alunos sentam-se enfileirados, tendo à mão lápis e papel. O professor combina as regras do jogo, que são:

1. os papéis irão circular pela classe até que seja dada uma volta completa;
2. ao passar o papel ao companheiro, o aluno deve dobrar o papel de modo que oculte o que escreveu;
3. ninguém pode olhar o que está escrito no papel que cada um recebeu; e
4. cada um escreverá somente o que for pedido pelo professor.

O professor, a cada vez que o papel mudar de mãos, solicitará que os alunos escrevam uma nova parte da narrativa que estará sendo composta coletivamente. Para tal fim, sugerimos o seguinte roteiro:

- *Primeiro comando:* escreva o nome de uma mulher famosa;
- *Segundo comando:* escreva o nome de um homem famoso;
- *Terceiro comando:* escreva "se encontraram" e complete com um local;
- *Quarto comando:* escreva o tempo no qual o encontro se deu;
- *Quinto comando:* escreva "ela disse" e complete com a fala dela;
- *Sexto comando:* escreva "ele respondeu" e complete com a fala dele;
- *Último comando:* escreva "e a consequência deste breve encontro foi que..." e complete a frase.

Finalmente, o professor deve misturar os papéis e solicitar aos participantes que leiam todas as histórias que foram criadas. Temos desenvolvido essa atividade com alunos das mais variadas idades, e os resultados, quanto à produção narrativa, são surpreendentes. Além da comicidade presente nos textos, esse processo de construção da narrativa envolve o aluno em uma forma dinâmica de narrar.

Para ler mais sobre o tema

ABAURRE, Maria Bernadete; FIAD, Raquel Salek; MAYRINK-SABINSON, Maria Laura Trindade. *Cenas de aquisição da escrita:* o sujeito e o trabalho com o texto. Campinas: Mercado de Letras/ALB, 1997. A questão da construção da escrita e, de maneira especial, os episódios de reescrita destacam-se nesse livro. Ao apresentar artigos que tomam pequenos indícios reveladores das manobras textuais feitas por crianças como ponto de partida para estudar a aquisição da escrita, apresenta-se como indicador de possibilidades de trabalho de ensino da escrita.

CAGLIARI, Luiz Carlos. *Alfabetização & linguística*. 6. ed. São Paulo: Scipione, 1993. Ao defender que o ensino de Língua Portuguesa pode ocorrer de maneira eficaz, independentemente das adversidades socioeconômicas que atingem boa parte dos alunos das escolas brasileiras, o autor apresenta as contribuições que os estudos linguísticos podem oferecer para a compreensão das produções textuais dos alunos em fase de aquisição da escrita e realiza uma análise sensível e rigorosa sobre as particularidades apresentadas.

FRANCHI, Eglê Pontes. *Pedagogia da alfabetização:* da oralidade à escrita. 6. ed. São Paulo: Cortez, 1999. À época de seu lançamento, o livro se destacou por ser uma rigorosa análise da prática docente da autora, levando em consideração a realidade socioeconômica e a linguagem de seus alunos. A atualidade da obra está no fato de poder ser tomada como exemplo inspirador de avaliação diagnóstica.

LEMLE, Miriam. *Guia teórico do alfabetizador.* 13. ed. São Paulo: Ática, 1998. Aborda conhecimentos básicos sobre a língua, essenciais para o trabalho de superação das dificuldades encontradas no processo de escrita. Apresenta, por exemplo, quais são os saberes e as percepções que a criança necessita atingir para tornar-se capaz de fazer a ligação simbólica entre os sons da fala e as letras do alfabeto. Bastante útil para os professores que ensinam crianças a escrever. Todos os assuntos são expostos de maneira simples e didática.

VAL, Maria da Graça Costa. *Redação e textualidade.* 6. ed. São Paulo: Martins Fontes, 2002. Apresenta o que é e como se escreve um texto a partir dos pressupostos teóricos da linguística textual, defendendo que a coerência e a coesão são os fatores mais fundamentais da textualidade. Ao analisar redações produzidas por ocasião do exame vestibular, a autora aponta sugestões para o que seria um trabalho com a língua escrita a ser desenvolvido na escola.

Referências bibliográficas

ABAURRE, M. B.; FIAD, R. S.; MAYRINK-SABINSON, M. L. T. *Cenas de aquisição da escrita:* o sujeito e o trabalho com o texto. Campinas: Mercado de Letras/ALB, 1997.

CAGLIARI, L. C. (1989) *Alfabetização & lingüística*. 6. ed. São Paulo: Scipione, 1993.

FRANCHI, E. P. *Pedagogia da alfabetização*: da oralidade à escrita. São Paulo: Cortez, 1999.

FURNARI, E. *A bruxinha atrapalhada*. 22. ed. São Paulo: Global, 2000.

LEMLE, M. *Guia teórico do alfabetizador*. 13. ed. São Paulo: Ática, 1998.

O ESTADO DE S. PAULO, São Paulo, caderno 6, 19 set. 2003.

VAL, M. da G. C. *Redação e textualidade*. 6. ed. São Paulo: Martins Fontes, 2002.

PARTE IV
Ensinar e aprender a analisar

CAPÍTULO 11
A delicada questão da gramática normativa

Questão para reflexão

Muitos poetas e compositores populares utilizam a língua que lhes é familiar, para elaborar textos de interessante valor artístico. Mesmo sem a pretensão de formarmos artistas, costumamos afirmar que o objetivo do professor de Língua Portuguesa é ensinar o aluno a circular em diversas comunidades linguísticas. Temos em vista, portanto, auxiliá-lo a construir um projeto de dizer (ao falar, ler e escrever) do modo mais próximo possível do planejado por ele.

Sendo assim, propomos a seguinte discussão:

> Em que medida o ensino que se organiza em torno da descrição da gramática da Língua Portuguesa é suficiente para levar o aluno a construir produções orais ou escritas condizentes com seu projeto de bem-dizer?

Estudando a teoria e os aspectos metodológicos

Esclarecemos, preliminarmente, que nos utilizamos do termo "gramática" para nomear o conjunto de regras que tenta fixar, por um maior período de tempo, os modos de dizer que são considerados possíveis em uma língua qualquer. Há nisso um duplo movimento: por um lado, o falante, a todo momento, introduz mudanças em sua língua materna, por outro, mediante a descrição dos usos linguísticos de uma dada comunidade, tenta inviabilizar a ocorrência de transformações. Quer o falante conheça, quer não conheça a gramática de maior prestígio, ela existe e exerce efeitos nas trocas verbais que ocorrem entre os falantes.

Neste capítulo, partimos do pressuposto de que tomar consciência dos efeitos que a escolha por uma ou outra relação entre o falante e a gramática-padrão é parte importante do aprendizado da Língua Portuguesa. Não se trata, portanto, de defender o ensino da gramática normativa *per si*, mas de construir uma abordagem investigativa que verse sobre os efeitos de sentido suscitados pela adoção das diversas gramáticas de uma língua.

Os diversos tipos de gramática e as atividades que deles decorrem

Visando tornar mais clara a polissemia da palavra "gramática", à qual não costumamos dar a devida atenção, recorremos ao trabalho de Possenti (1996). O autor explica que existem três tipos de gramática: a normativa, a descritiva e a internalizada. O Quadro 11.1 apresenta uma síntese desses três tipos.

Transpondo esses conceitos para o contexto da sala de aula, podemos afirmar que todo aluno mobiliza uma gramática quando entra na escola, sem necessariamente saber descrevê-la. De fato, nem nós sabemos *a priori* quais conjuntos de regras regem as produções de nossos alunos.

Quadro 11.1 *Tipos de gramática descritos por Possenti*

TIPO DE GRAMÁTICA	NORMATIVA	DESCRITIVA	INTERNALIZADA
O que é regra?	Algo que deve ser seguido por todos os falantes.	O que é seguido no uso de cada comunidade.	O que cada falante mobiliza ao falar.
Qual é a função da gramática?	Prescrever como o falante deve se expressar.	Descrever ou explicar os vários funcionamentos possíveis de uma língua.	Auxiliar para saber inconscientemente como se usa.
O que é língua?	Forma de expressão de uma classe socialmente mais favorecida.	Forma de expressão heterogênea, mutável, variável, com pequeno índice de regularidade.	Maquinário cerebral que permite ao falante aprender a forma de expressão de seu "habitat natural".
O que é erro?	O que foge à variedade eleita como a língua.	Formas ou construções que não fazem parte de quaisquer das variantes de uma língua.	Formulação e interiorização de regras equivocadas.

Resta-nos, pois, conduzi-los ao conhecimento do maior número possível de gramáticas da Língua Portuguesa; a gramática-padrão, inclusive. Como aumentar, então, o repertório de gramáticas do aluno? Geraldi (1991) recomenda que alternemos os tipos de atividade aplicadas em sala de aula, quais sejam:

1. Atividades linguísticas: referem-se àquelas em que o falante *usa* a língua; envolve ações como conversar, discutir, ler um texto etc.

2. Atividades epilinguísticas: referem-se àquelas em que o falante *reflete* sobre a língua intuitivamente, sem recorrer a termos ou a descrições técnicas, como o ato de "escolher palavras" para escrever uma carta de amor para melhor impressionar o ser amado.
3. Atividades metalinguísticas: referem-se àquelas em que o falante nomeia tecnicamente os diversos segmentos de uma dada língua. Esse é o sentido mais comum de "estudar gramática".

Pondo em prática essas diferentes atividades, o ensino de língua materna não se pautaria apenas no repasse de conceitos, mas poderia garantir o bem-dizer. Essas atividades também devem ser mediadas pela correção propriamente dita, na qual cabe ao professor ajudar o aluno a adequar as suas produções à norma-padrão vigente.

Quando quebramos uma regra, cria-se um efeito de estranhamento em nossa comunidade linguística. Há duas possibilidades de ocorrência da quebra do pacto vigente: uma de cunho intencional e outra, acidental. Quando o sujeito conhece as regras, ele as utiliza a seu intento para produzir um determinado efeito. Quando as ignora, pode criar um efeito que venha a prejudicá-lo, sem que seja essa a intenção. Por esse motivo, conhecer as regras de funcionamento da língua (ou a gramática) é solidário à liberdade do sujeito em sua produção. Afastamo-nos, portanto, da visão de que as regras são lugar de aprisionamento e de imobilidade criativa.

Explorar a gramática para perceber a riqueza das formas linguísticas

Você acredita na possibilidade de existência de uma pessoa que "fale como um livro", que nunca cometa deslizes no que tange à gramática normativa? Embora ela não exista, é essa abstração que permanece como norte a ser alcançado pela parcela da população que tem acesso à escolarização.

CAPÍTULO 11 A Delicada Questão da Gramática Normativa

As discussões sobre o papel da gramática no ensino de Língua Portuguesa não são próprias dos dias atuais, pois remontam ao século XIX. Desde aquela época, havia um questionamento em relação ao ensino que não explorasse, de modo mais apropriado, o potencial da língua. Entretanto, como os estudos sobre a língua seguiam forte tradição da filosofia e a linguística ainda estava nascendo, tais discussões não tiveram muitas consequências, tendo sido retomadas apenas no final do século XX.

Durante os anos 1980, diversos estudiosos – com destaque para aqueles ligados à Universidade Estadual de Campinas – produziram uma quantidade significativa de publicações cujas propostas destituíam o ensino gramatical do *status* de centralidade. Em seu lugar, foi dado privilégio ao trabalho com o texto (na modalidade oral ou escrita) como o específico da aula de português.

A obra *O texto na sala de aula*, organizada por João Wanderlei Geraldi, é um marco significativo desse momento. Nela, alguns estudiosos apresentam considerações libertárias a respeito do ensino de Língua Portuguesa, tendo como centralidade não o ensino gramatical, mas o trabalho efetivo com textos. De modo claro, a tese defendida ao longo do livro não exclui, em nenhum momento, o ensino da língua-padrão. Alguns dos artigos, ao contrário, procuram mostrar que, para atingir tal objetivo, não serve mais inculcar nos alunos nomes ou regras, e sim fazer com que convivam com textos que circulam pela sociedade ao mesmo tempo em que se desenvolvem produzindo seus próprios textos. Nesse sentido, a atenção se volta para a leitura e produção de textos, não somente para que sirvam como meios de aprender as regras da gramática normativa, mas também para que tanto uma quanto a outra sejam, sim, objetos próprios de ensino.

Entre os estudos dessa época, que versam especificamente sobre o tema deste capítulo, merece destaque a separata *Criatividade e gramática*, de Carlos Franchi, publicada em 1987. Nesse importante documento, Franchi propõe um deslocamento central da questão gramatical, que antes era o eixo organizador do ensino de Língua Portuguesa.

Para o autor, a gramática que vale a pena ser estudada é aquela que pode ser definida do seguinte modo: "conjunto das regras e princípios de construção e transformação das expressões de uma língua natural que as correlacionam com o seu sentido e possibilitam a interpretação" (1987, p. 39).

De acordo com Franchi, a direção do ensino deveria ser orientada pela seguinte questão: "Por que e como as expressões das línguas naturais significam aquilo que significam?", ou seja, o autor propõe introduzir e manter uma descrição que toque, propriamente, a semântica de uma língua. Nesse sentido, no trabalho pedagógico interessaria mais oferecer ao aluno condições para operar sobre a linguagem, transformar seus textos e, nesse ato, perceber que há muita riqueza nas formas linguísticas.

Sob a influência desse estudo, nos anos 1990, caminhou-se para uma posição mais moderada. Geraldi afirma: "O conhecimento gramatical é, pois, um conhecimento necessário para aquele que se dedica ao estudo da língua e ao seu ensino, para que se possa exercer dignamente seu ofício de construir situações adequadas" (1996, p. 39), ou seja, nem mesmo para aqueles que colocam o texto em lugar central, o trabalho com a gramática deve ser banido das aulas.

Essa "posição moderada" se mantém até hoje. Nos *Parâmetros Curriculares Nacionais* (1997), a linguagem (e não a gramática) é colocada como ponto de partida e ponto de chegada. Nesse contexto, o trabalho epilinguístico, entendido como "processos e operações que o sujeito faz sobre a própria linguagem", ganha ênfase. Há uma suspensão do tratamento do tema em benefício da reflexão sobre os recursos expressivos (negociações de sentido, hesitações, autocorreções, reelaborações, rasuras, pausas longas, repetições, antecipações, lapsos etc.).

Os *Parâmetros Curriculares* recomendam que o foco do ensino da gramática deve restringir-se aos elementos que tenham a ver com as necessidades apresentadas nas atividades de produção, leitura e audição de textos. Há também a recomendação explícita para que não se confunda norma e gramaticalidade, mantendo-se o respeito à variação linguística.

Utilizar a gramática para explorar a significação das línguas naturais

Retomemos a questão proposta por Franchi (1987): "Por que e como as expressões das línguas naturais significam aquilo que significam?". Esse aspecto nos parece um bom guia para o desenvolvimento de um trabalho que esteja em consonância com o que chamaremos, por falta de termo melhor, de "modo como a criança aborda a linguagem".

Na concepção de ensino de Língua Portuguesa que vimos construindo, estamos levando em conta, portanto, o modo pelo qual os alunos se relacionam com a gramática de sua língua materna fora do contexto escolar. Diferentemente do que parece, a criança não hostiliza "instintivamente" a gramática; pelo contrário, ela costuma ter sede de significação. Somos nós quem lhe tiramos essa sede quando previamente abdicamos da nossa.

Um exemplo do que está sendo dito trazemos do próprio texto de Franchi. Ele relata que, nos tempos de estudante seminarista, teve aulas com um professor que possuía um modo bastante peculiar de ensinar Língua Portuguesa. Em sua memória, ficou registrada uma atividade que consideramos importante recuperar. Ela consistia em efetuar em um texto uma série de operações com o objetivo de jogar com as diferentes formas linguísticas possíveis sem, no entanto, alterar a ideia central. Trata-se de um exemplo do que, posteriormente, foi chamado de atividade epilinguística.

O autor afirma que, ao operar sobre a linguagem, transformando o texto, seja oral, seja escrito, sem mudar a ideia principal, estamos explorando as possibilidades da língua por meio das diferentes maneiras de dizer a mesma coisa. O que há de mais importante, e que está por trás disso, é a necessidade de se manter o contato muito próximo com os fatos da língua. Esse contato cada vez mais intenso precede o uso de qualquer tipo de nomenclatura gramatical. Assim, o ensino de língua que traga esses fatos para o universo de experiências linguísticas do aluno fará com que ele disponha de modo mais apropriado dos recursos linguísticos e compreenda de maneira consciente a gramática que daí se desenvolve.

A seguir, apresentamos um exemplo de proposta de estudo gramatical com foco na materialidade textual. O objetivo é explorar as possibilidades de referenciar termos em um texto por meio de anáforas. Seguindo a proposta, o *primeiro passo* é escolher o texto a ser estudado com os alunos e dele extrair algumas palavras que concorram para o estabelecimento de relações de referência e que essas, por sua vez, promovam a coesão textual entre os termos, garantindo o encadeamento lógico das ações descritas.

O *segundo passo* é distribuir as fichas com a atividade para que, em grupos, os alunos preencham as lacunas do texto que está na coluna 1 com os termos da coluna 2. Para garantir a construção dos sentidos do texto, os alunos precisarão realizar movimentos de leitura que estabeleçam uma sequência lógica. Desse modo, eles precisarão testar as possibilidades de uso dos termos no texto, o que os levará a uma releitura da peça.

Observe o material a ser entregue aos alunos:

COLUNA 1	COLUNA 2
Tragédia brasileira	
1. Misael, funcionário da fazenda, com 63 anos de idade,	
2. _____ Maria Elvira na Lapa prostituída – com sífilis,	
3. dermite nos dedos, uma aliança empenhada e os dentes em	
4. petição de miséria.	
5. Misael tirou Maria Elvira da vida, instalou-___ num sobrado	Toda vez que
6. no Estácio, pagou médico, dentista, manicure... Dava tudo quanto	
7. ____ queria.	

8. _____ Maria Elvira se apanhou de boca bonita, arranjou	Quando
9. logo um namorado.	
10. Misael não queria escândalo. Podia dar uma surra, um tiro	
11. uma facada. Não fez nada disso: mudou de casa.	Ela
12. Viveram três anos assim.	
13. _____ Maria Elvira arranjava namorado, Misael	
14. mudava de casa.	Conheceu
15. Os amantes moraram no Estácio, Rocha, Catete, Rua General	
16. Pedra, Olaria, Ramos, Bonsucesso, Vila Isabel, Rua Marquês de	
17. Sapucaí	
18. Niterói, Encantado, Rua Clapp, outra vez no Estácio, Todos os Santos,	*Por fim*
19. Catumbi, Lavradio, Boca do Mato, Inválidos	*a*
20. _____ *na Rua da Constituição, onde Misael*, privado de sentidos	
21. e de inteligência, matou-a com seis tiros, e a *polícia foi encontrá-la caída*	
22. *em decúbito dorsal, vestida de* organdi azul.	
(Manuel Bandeira)	

O *terceiro passo* consiste em checar as respostas dos alunos. Cada grupo elege um orador para que leia o poema com as inserções das palavras. No *quarto passo*, o professor deverá propor aos alunos que substituam os termos da coluna 2 por outros, de maneira que seja possível alterar a forma sem alterar significativamente o conteúdo do poema.

Nessa etapa, cada grupo irá reconstruir o texto de modo particular, e o resultado será uma gama de textos escritos com usos diferenciados de palavras. Essa etapa possibilita ao aluno observar que podemos, ao escrever um texto, usar e abusar das escolhas léxicas para atingirmos diferentes efeitos, sem alterar a ideia do que está sendo exposto.

O *quinto passo* é, pois, a leitura dos poemas com as alterações sugeridas pelos alunos. Nesse ponto, os alunos poderão, após ouvir todas as versões, debater e escolher a que, para eles, ficou melhor.

A escolha de um ou de outro uso de palavras no aprendizado da Língua Portuguesa tem como objetivo fazer com que os alunos tomem consciência da melhor maneira de se expressar oralmente ou por escrito. Ao operar sobre o texto, o aluno estabelece uma relação franca e aberta com a materialidade do escrito, de modo que passa a tomá-lo como algo que faz parte de sua vida, e não como um objeto distante, consagrado apenas aos escolhidos dos deuses.

Atividade inspiradora

Criando palavras

O objetivo dessa atividade é levar o aluno a reconhecer o processo de formação de palavras, em especial no que tange aos processos de prefixação e sufixação.

Material:

Do professor: papel sulfite, tesoura, palitos de dente, caneta e fita adesiva.

Do aluno: caderno, lápis e borracha.

Passo a passo:

1. Para a confecção do material:

- Recorte três pequenas tiras de papel sulfite com as seguintes dimensões: 15 cm de comprimento e 3 cm de largura;

CAPÍTULO 11 A Delicada Questão da Gramática Normativa

- Recorte dois buracos retangulares com uma distância de 7 cm entre eles na primeira tira;
- Liste sufixos na segunda tira;
- Liste prefixos na terceira tira;
- Pegue a tira na qual foram recortados os dois buracos retangulares e fixe um palito de dente em cada buraco, de modo que fique paralelo ao comprimento da tira, formando, assim, o apoio que será uma espécie de trilho pelo qual irão passar as tiras de sufixos e prefixos;
- Pegue a tira em que foram escritos os sufixos e encaixe no buraco retangular que fica à direita, de modo que a tira possa percorrer esse retângulo, deslizando sobre o palito de dente;
- Faça o mesmo com a tira dos prefixos, no buraco retangular da esquerda;
- Escreva, no centro da tira recortada, uma palavra ou um radical de palavra;
- Deslize as tiras de sufixo e prefixo, de modo a formar palavras diferentes com o mesmo radical; também é possível brincar de criar palavras.

2. Para a organização da sala:

- Separe os alunos em pequenos grupos;
- Distribua para cada grupo um conjunto de tiras;
- Forneça aos grupos um primeiro conjunto de palavras (ou radicais) para formarem as primeiras "novas" palavras;
- Solicite que, compreendido o processo, os alunos escolham outras palavras com o desafio de inventar "palavras novas", ou seja, criar neologismos. Entretanto, não basta criar palavras. Para que o jogo fique mais interessante, deve-se dar uma definição para cada uma delas. Assim, é possível trabalhar também com a ideia de dicionarização do léxico da língua, isto é, como fazer um inventário de palavras parecido com um dicionário. Explique que, quando uma língua se

estabelece, ocorre este processo: faz-se um inventário do léxico da língua e elabora-se um dicionário.

Para ler mais sobre o tema

BRITTO, Luiz Percival Leme. *A sombra do caos*: ensino de língua × tradição gramatical. Campinas: ALB/Mercado de Letras, 1997. Aborda os conhecimentos linguísticos importantes de serem adquiridos pelo sujeito contemporâneo e como fazê-lo. O autor defende que o ponto de partida para as reflexões sobre essas questões é o princípio de que o conhecimento se constrói em função das interações histórico-sociais e da análise das representações de língua.

ILARI, Rodolfo. *Introdução ao estudo do léxico*: brincando com as palavras. São Paulo: Contexto, 2002. Homônimos, sinônimos, antônimos, ambiguidades e anglicismos são alguns dos assuntos abordados nessa obra na qual o autor toma as palavras como peças multifacetadas fundamentais que compõem as construções sintáticas. Ao realizar um trabalho que analisa os mecanismos utilizados pelos falantes por meio de suas manifestações cotidianas, entre elas as piadas e jogos de adivinhação, Ilari testemunha que o estudo da linguagem pode se caracterizar como atividade em que o rigor não exclui o caráter lúdico. Leitura agradável que se justifica não apenas em função das ideias de trabalho em sala de aula que pode inspirar, mas também pelo fato de se apresentar como convite para reflexões sobre a linguagem.

_____. *Introdução à semântica*: brincando com a gramática. 4. ed. São Paulo: Contexto, 2003. O autor esmera-se na construção de exemplos e exercícios ao mesmo tempo instigantes e práticos versando sobre 25 temas cruciais da semântica. Seu objetivo primeiro é inspirar o professor de Língua Portuguesa a trabalhar com a gramática levando em conta as condições de produção dos enunciados e, consequentemente, a abordar o texto utilizando-o como auxiliar para a sua interpretação, e não meramente um guia para a correção normatizadora.

_____. *A linguística e o ensino de Língua Portuguesa*. 4. ed. São Paulo: Martins Fontes, 2003. Apresenta reflexões sobre a formação do profissional de Letras e sobre o ensino de Língua Portuguesa. Reúne textos articulados em torno de uma questão importante: "Pode a Linguística contribuir para o aperfeiçoamento do ensino da língua materna?". A leitura é importante, pois os assuntos abordados acumulam conhecimentos sobre as ciências linguísticas e sua implicação na formação de professores.

TRAVAGLIA, Luiz Carlos. *Gramática*: ensino plural. 2. ed. São Paulo: Cortez, 2004. Abrange aspectos e questões diversas envolvidas no ensino de gramática e, ao mesmo tempo, propostas que auxiliam o professor em sua prática. O autor defende que o ensino de gramática deve ser plural na medida em que apresenta facetas, possibilidades e necessidades múltiplas. A leitura da obra é instigante e muito útil, pois procura auxiliar o professor a superar problemas e dificuldades em seu trabalho de ensino de gramática, levando-o a um ensino sistemático, organizado e pertinente para a vida dos alunos.

Referências bibliográficas

BANDEIRA, M. Tragédia brasileira. In: *Estrela da vida inteira*. 20. ed. Rio de Janeiro: Nova Fronteira, 1993, p. 160.

BRASIL. Ministério da Educação. Secretaria de Educação Fundamental. *Parâmetros Curriculares Nacionais para o Ensino Fundamental*. v. 2. Brasília: MEC/ SEF, 1997.

BRASIL. Secretaria de Ensino Fundamental. *Parâmetros Curriculares Nacionais*. Brasília: NEC, 1997.

BRITTO, L. P. L. *A sombra do caos*: ensino de língua X tradição gramatical. Campinas: ALB/Mercado de Letras, 1997.

FRANCHI, C. (1987) Criatividade e gramática. In: *Secretaria de Educação. Coordenadoria de Estudos e Normas Pedagógicas*. São Paulo: SE/CENP, 1991. p. 7-39.

GERALDI, J. W. *Portos de passagem*. São Paulo: Martins Fontes, 1991.

_____. (1985) *Linguagem e ensino:* exercícios de militância e divulgação. Campinas: Mercado de Letras, 1996.

_____. *O texto na sala de aula*. São Paulo: Ática, 2004.

ILARI, R. (1984) *A lingüística e o ensino de Língua Portuguesa*. 4. ed. São Paulo: Martins Fontes, 2003.

_____. *Introdução ao estudo do léxico*: brincando com as palavras. São Paulo: Contexto, 2002.

_____. *Introdução à semântica*: brincando com a gramática. 4. ed. São Paulo: Contexto, 2003.

POSSENTI, S. *Por que (não) ensinar gramática na escola*. Campinas: ALB/Mercado de Letras, 1996.

TRAVAGLIA, L. C. *Gramática:* ensino plural. 2. ed. São Paulo: Cortez, 2004.

CAPÍTULO 12
Da preparação à avaliação de segmentos lógicos no ensino da Língua Portuguesa

Questão para reflexão

O relato a seguir, que faz parte do diário de campo de uma das autoras deste livro, foi escrito em 2003 durante seu estágio obrigatório no curso de licenciatura. Trata-se do registro de aulas de Língua Portuguesa ministradas, em sequência, por uma professora para a mesma turma. A estagiária, em suas anotações, registrou um esclarecimento da professora, que afirmou que a atividade proposta seria introduzida no meio de uma série de seminários sobre poesia.

> 4 de novembro
> Ao término da apresentação do segundo grupo, a professora indagou:
>
> Professora:
> Pessoal, o que é dissertação?
>
> Aluna:
> É expor as suas opiniões.

> Professora:
> Isso! Vocês sabem qual é a função do professor? É formar cidadãos críticos, capazes de defender sua própria opinião. E a dissertação é para isso. Vou dar um tema polêmico. (A classe reclama.)
>
> Professora:
> Namoro! (Todos gostam.)

Naquele momento, a professora leu alguns relatos sobre namoro e explicou o que é "ficar" hoje em dia. Pediu para os alunos debaterem o tema oralmente (todos participavam bastante e ela direcionava a conversa, expressando também suas opiniões pessoais). Após o debate, pediu que se organizassem em duplas e falassem mais sobre o que foi discutido. As tarefas, após a conversa em grupo, foram: a) escrever um parágrafo de duas ou três linhas dissertando sobre o assunto; e b) fazer pesquisa em casa sobre as opiniões dos pais em relação a namorar ou "ficar". A pesquisa deveria ser antecedida da elaboração de um questionário por escrito. Tanto o questionário quanto a entrevista deveriam ser feitos por escrito e entregues na aula seguinte.

5 de novembro
A professora recolheu a pesquisa solicitada na aula anterior. Logo depois, pediu para os grupos continuarem os seminários. Perguntei-lhe, no final da aula, qual seria a continuação das atividades em relação à escrita. Ela respondeu: "Eu só vou recolher e dar ponto; infelizmente não dá pra continuar porque eles precisam terminar os seminários; as aulas já acabam no dia 24".

Após refletir a respeito do encadeamento das atividades realizadas pela professora, propomos o seguinte questionamento:

CAPÍTULO 12 Da Preparação à Avaliação de Segmentos Lógicos...

> As atividades que compõem o plano de ação para o cotidiano escolar devem constituir uma sequência lógica, na qual uma está a serviço da outra, ou podem ocorrer de maneira independente durante o ano letivo?

Estudando a teoria e os aspectos metodológicos

Ao longo do volume, temos refletido sobre os desafios inerentes à prática pedagógica aplicada aos alunos do século XXI. Do mesmo modo, temos defendido a necessidade de o professor investir na construção de dispositivos diagnósticos que permitam identificar, para além das aparências, o estado do conhecimento acerca da Língua Portuguesa já sistematizado pelo aluno quando ele chega até nós. Tal tarefa visa construir, de maneira mais eficaz, um percurso de trabalho no qual o aluno se sinta, de fato, implicado. Antes de discorrermos detalhadamente sobre a natureza dessa tarefa, vejamos uma cena de sala de aula coletada por Smolka, como epígrafe de um de seus livros (1993, p. 12):

A professora escreve na lousa:
"A mamãe afia a faca"
e pede para uma criança ler. A criança lê corretamente.
Um adulto pergunta à criança:
Quem que é a mamãe?
É a minha mãe, né?
E o que é "afia"?
A criança hesita, pensa e responde:
Sou eu, porque ela (a mamãe) diz: "Vem cá, minha fia".
A professora, desconcertada, intervém:
Não, afia é amola a faca!

O excerto transcrito nos mostra que, decorrente do fato de a linguagem não ser transparente, nem tudo o que o professor ensina é aprendido pelo educando. Por ser capaz de refletir e interpretar, equivocadamente inclusive, o aluno nem sempre entende o que o professor deseja lhe ensinar. Em virtude disso, faz parte da sustentação de uma posição ética por parte do professor de Língua Portuguesa levar em conta que – diferentemente de um animal adestrável que faz tudo como o seu dono manda – o aluno subverte as palavras que lhe são endereçadas ao colocar nelas sentidos oriundos de sua experiência de vida singular.

Dessa asserção decorre a importância de se manter a disposição para a escuta ativa e investigativa que vise elucidar o que a criança apreendeu daquilo que o adulto lhe disse. De certo modo, podemos afirmar que – conforme ilustrado pela atitude do adulto que interroga a criança, no relato anterior – o próprio ato de se interessar pela compreensão de um texto construído pelo aluno é um exemplo de avaliação diagnóstica. Sem ela, seria impossível levar a ação pedagógica a um bom termo, considerando as metas previamente estabelecidas pelo professor.

É importante relembrar que entre o conhecimento atual do aluno e a meta preestabelecida no diagnóstico, existe um espaço de trabalho a ser construído pelo professor, que deve estar aberto às surpresas que ocorrem no cotidiano escolar. É importante evitar, a todo custo, "congelar" a imagem dos alunos, pois, quando isso ocorre, o risco é deixar passar despercebida uma boa produção de um aluno considerado ruim (e vice-versa).

Abdicar do olhar que busca construir o retrato do que o aluno *é* em nome de refinar uma construção analítica que permita circunscrever o que o aluno *faz* é uma passagem importantíssima para aquele que se responsabiliza pelo resultado de seu trabalho. Por esse motivo, o compromisso com o sucesso do trabalho demanda uma disposição para a invenção de atividades criadoras, nas quais o professor dá oportunidades para que o aluno aprenda o que ainda lhe falta.

Tudo o que envolve elaboração, organização e execução de atividades a serem levadas a cabo no cotidiano escolar deve ser construído sobre um cálculo que objetive descrever quais são os passos necessários para levar nossos alunos do lugar onde estão ao lugar em que previamente decidimos ser aquele possível de ser ocupado por alguém de determinada série e faixa etária.

Por esse motivo, o gesto de articular os conteúdos exige do professor um olhar para si mesmo e para sua própria prática de forma que isso o ajude a responder questões como: O que os meus alunos já sabem? O que eles ainda precisam saber para chegar ao conhecimento que lhes falta? Como devo ensinar? Quando ensinar? O que está dando certo? Em que estou falhando? O que está causando dispersão?

O esforço para responder a interrogações semelhantes pode auxiliar o professor no desafio de organizar e aplicar atividades de aprendizagem que colaborem para a obtenção dos objetivos traçados. Ao gastar tempo refletindo, fazendo, avaliando e refazendo, o professor testemunha, por suas ações, o desejo de não querer que o aluno fique sempre no mesmo lugar. Sustentando seu compromisso ético, o professor privilegiará a invenção de experiências inesquecíveis que implicarão seus alunos, cada vez mais, na descoberta, criação e elaboração da linguagem, deixando à vista o olhar inovador e singular do aluno.

Superando a síndrome de Penélope

Desde o tempo em que o grego Homero, muito antes de Cristo, inventou a personagem Penélope, sabemos da existência de pessoas que, na calada da noite, desmancham o trabalho que realizaram ao longo do dia. A brava rainha de Ítaca, entretanto, tinha um bom motivo para esse comportamento: afastar os pretendentes inconvenientes. Ela sabia o que estava fazendo.

Durante a realização de nosso trabalho, muitas vezes sofremos do que vamos aqui chamar, jocosamente, de "síndrome de Penélope" – tendência a construir com uma mão e destruir com a outra. Bolamos uma atividade que colabora para a construção de determinados conceitos ou habilidades e, como não temos clareza do percurso a tomar, não damos continuidade ao trabalho. Agimos como quem está em São Paulo, deseja ir a Curitiba e pega um atalho que passa pelo Acre.

Nada temos contra as viagens que se abrem para o imprevisto e para os desejos de última hora. Apenas alertamos para a existência de um modo de trabalhar que não nos deixe com a sensação de que – ainda lembrando os gregos – fomos encerrados com o Minotauro no labirinto (Stephanides, 2004). Posto isso, a questão que surge é: quais elementos poderiam ser levados em conta para a preparação de segmentos lógicos no ensino de Língua Portuguesa? A seguir, enumeramos quatro deles:

1. **Currículo oficial:** conjunto de documentos que regulamentam a prática pedagógica. Como a ação escolar se dá no âmbito institucional, há a necessidade de considerar o currículo mínimo de cada série;
2. **Perfil da sala:** descrição dos pontos fortes e fracos de cada sala obtida previamente por meio da utilização de uma série de procedimentos e dispositivos visando ao diagnóstico;
3. **Descrição do aluno ideal:** decisão, por parte do professor, de como, na melhor das hipóteses, seu aluno estará, ao final do ano letivo, no que tange às suas habilidades para falar, ler, escrever e analisar a Língua Portuguesa. A esse respeito, é importante atentar para o fato de que: a) levar o aluno aos objetivos fixados não corresponde à tentativa, por parte do professor, de moldá-lo ao seu gosto; e b) atingir os objetivos não é uma missão exclusiva do professor. Ao contrário, no decorrer do processo, deve ser considerada a liberdade criadora do aluno, ou seja, sua maneira própria de olhar o mundo, escolhendo o seu lugar de observação das coisas.
4. **Singularidade do docente:** embora esqueçamos disso com alguma facilidade, é importante que, ao planejar o seu percurso, o professor tenha em mente quais são seus gostos,

seus talentos, suas paixões e seus pontos fracos. Se você não sente nenhum prazer em brincar, por exemplo, escolher um jogo como estratégia para ensinar algo pode ser uma péssima opção.

É levando em conta, no mínimo, os quatro quesitos que acabamos de mencionar que o professor irá se colocar em boa posição para escolher suas estratégias de ação, encadeando-as de modo que componham um trabalho voltado para um ponto de chegada que pode ser partilhado pelo professor e por sua turma. A escolha de estratégias, por sua vez, desemboca na criação de atividades que colaborem para a construção de um trabalho efetivo. Como escolhê-las é o que será exposto a seguir.

Cada panela com sua tampa

Precisar não precisa, mas vamos dizer mais uma vez: não existe atividade mágica que funcione em todos os contextos. Cada atividade tem um potencial didático diferente: ao passo que algumas obtêm resultados excelentes no sentido de promover o crescimento linguístico do aluno, outras não se mostram eficazes. Do mesmo modo, uma atividade que é produtiva para uma turma pode não ser para outra. É importante também considerar se as atividades aplicadas se complementam entre si, formando uma sequência lógica.

O fato de estarmos utilizando o termo "sequência", entretanto, não implica que estamos sugerindo que elas sejam congeladas em uma ordem imutável e paralisante. É verdade que, devido ao fato de o número de dificuldades detectadas por meio do diagnóstico ser sempre grande, sugerimos que o professor faça um tabelamento dos problemas, encontre aquele que é mais incidente e mais importante de ser corrigido e, com base nisso, comece a trabalhar. Entretanto, não mantemos nenhuma esperança na possibilidade de esgotar todos os problemas, e muito menos a ilusão de fazê-lo na sequência de nossa vontade. Sendo assim, o número de problemas trabalhados durante o ano será determinado de acordo com o desenvolvimento dos alunos e com a capacidade de cada turma.

Por último, gostaríamos de ressaltar que aplicar atividades pensadas na derradeira hora é uma prática bem-vinda, desde que o professor tenha em mente o seu planejamento e o controle sobre os objetivos do que está improvisando. Inventar costuma ser uma prática bem-sucedida para o profissional que se responsabiliza pelos efeitos daquilo que inventou.

Uma palavra sobre o ato de avaliar

Avaliar é um momento delicado em nossa atuação pedagógica. Para Luckesi (1984), a avaliação é caracterizada como um juízo de valor em relação à qualidade do objeto avaliado, entendimento esse que nos coloca a seguinte questão: qual objeto devemos avaliar? Evidentemente, trata-se da produção de um dado aluno, mas, muitas vezes, perdemos essa meta de vista e passamos a fazer julgamentos de valor sobre o aluno. Do mesmo modo, às vezes, em vez de buscarmos compreender os modos de pensar que o levaram a construir esta ou aquela resposta, limitamo-nos a corrigir sua produção.

O momento de avaliação pode traduzir uma prática autoritária do professor quando o ato não é propriamente o de avaliar, mas, sim, o de "ranquear" ou de corrigir. O "ranqueamento", cujo objetivo é classificar o aluno, é praticado sempre no final do período letivo e conduz à aprovação ou reprovação do aluno com base em "algo estático" (um texto único, uma prova no final, uma chamada oral etc.). O objetivo da correção, por sua vez, é adequar o texto do aluno às normas; na escrita, por exemplo, é comum pedir para que o aluno, depois das correções feitas pelo professor, passe o texto a limpo, reproduzindo um modelo.

Essas duas primeiras ações acabam por denunciar uma posição autoritária do professor na medida em que também fazem do aluno um ser assujeitado a modelos prontos e estáticos. No geral, essas atitudes revelam a imagem que o professor tem de si mesmo como divulgador de um conhecimento que deve ser completamente seguido pelo aluno e, muitas vezes, com pena de reprovação. Um outro problema é que, quando julgado e classificado, o aluno fica estigmatizado: suas notas permanecem nos livros da escola e marcam sua trajetória acadêmica.

Defendemos uma *avaliação formativa* que tem o objetivo de ensinar de fato. O docente passa a ser, no lugar de juiz, coautor no processo de aprendizagem, implicando-se em um trabalho constante e planejado que envolve diagnosticar, propor atividades de intervenção, voltar a diagnosticar. A ação do professor forma o aluno, e não o classifica. Os resultados finais, sejam eles pequenos, sejam grandes, não são mais importantes do que o avanço do aluno durante o processo; portanto, esse tipo de avaliação é processual, e não pontual.

Retomando o dito popular previamente utilizado segundo o qual cada panela tem sua tampa, diremos que os três procedimentos de avaliação aqui mencionados (corrigir, "ranquear" e avaliar de modo formativo) têm função própria e momento adequado para ocorrer. Tomando-se a avaliação de um texto como exemplo, elaboramos o Quadro 12.1 para verificar o uso de cada um desses procedimentos.

Quadro 12.1 *Modalidades de avaliação do texto escrito*

AÇÃO	OBJETIVO	PRÓXIMA AÇÃO LÓGICA	MOMENTO INDICADO	RECORTE PARA ANÁLISE
Corrigir	Adequar às normas	Devolver e pedir para passar a limpo	No término de um bom texto	Toda superfície textual
"Ranquear"	Classificar	Reprovar ou aprovar	No fim do período	A grade que foi desenhada para o diagnóstico
Avaliar	Fazer diagnóstico do tipo clínico	Fazer planejamento anual, semestral, mensal, semanal	No início do período; a todo e qualquer momento	Habilidades predeterminadas, selecionadas em função de gêneros, objetivos, idade etc.

Defendemos, pois, a tese segundo a qual todas as atividades dadas em sala de aula – incluindo a avaliação – não devem ser consideradas de modo independente. Ao contrário, devem interagir de modo que uma esteja a serviço da outra.

Após avaliar, o professor necessita de uma ação reflexiva que o leve de volta aos objetivos traçados e ao cálculo a respeito do que falta para alcançá-los. É um processo lógico, ininterrupto e permanente no qual haverá sempre novos planejamentos. Dessa forma, a avaliação, longe de ser um instrumento ameaçador de classificação, passa a ser o momento de pausa para avaliar a prática e voltar a ela quantas vezes for preciso no decorrer do processo.

Atividade inspiradora

A bola de cristal de Dona Cicinha

Este exercício, inspirado nos jogos de RPG[1], consiste em uma divertida forma de pensarmos nas venturas e desventuras do dia a dia de quem lida com o ensino de língua materna e depara com o desafio de desenvolver atividades que atendam às necessidades da turma sem, no entanto, desconsiderar a singularidade do professor.

A seguir, são descritas quatro variáveis diferentes: perfis de professores (indicados por 1, 2 e 3), descrição de turmas (indicados por i, ii, iii), descrição de textos a serem trabalhados (indicados por I, II, III) e sugestões de atividades (indicados por A, B, C). A brincadeira consiste em realizar combinações com esses quatro elementos e em imaginar qual seria o resultado da aula considerando-se essa mistura. Tome conhecimento do roteiro do jogo, no que se segue.

---

1 Abreviação de *role-playing game*, "jogo de interpretação de papéis", em que, de acordo com regras preestabelecidas, os participantes representam personagens que compõem uma história de acordo com as orientações dadas por um coordenador que organiza o enredo colocando desafios a serem vivenciados pelas personagens representadas pelos participantes.

CAPÍTULO 12 Da Preparação à Avaliação de Segmentos Lógicos...

Dona Cicinha, como toda cartomante que se preze, faz uma análise da conjuntura para prever o futuro de seus consulentes. Quando da elaboração deste volume, concedeu-nos a graça de alguns segredos de suas técnicas, de maneira que, combinando os elementos *professor*, *turma*, *aula*, *texto* e *tipo de leitura*, acompanhamos essa importante mística em algumas demonstrações.

Desejando convidá-lo a ingressar na arte de prever a aula, achamos por bem dar uma mãozinha não apenas com a interpretação do que apareceu na bola em três momentos diferentes, mas também com os sinais ☹ e ☺, para que você saiba, com segurança, se a sorte sorriu ou não ao professor que realizou a atividade.

PROFESSOR		
1	2	3
Circe	Antígona	Édipo
Tendo passado no concurso mais recente promovido pela rede pública de ensino, leciona já há três meses. Reconhecida desde a adolescência como "rata de biblioteca", ainda não conseguiu se adaptar à diferença de ruídos entre os corredores repletos de livros, com os quais estava acostumada, e os corredores, o pátio, enfim, a escola inteira, para ela, repleta de tamanha quantidade de barulho que chega a beirar o insuportável. Leitora voraz, afirma que só não	Pendurou as chuteiras em sua carreira teatral e retomou, após quase 15 anos, o magistério. Agitada e brincalhona, frequentemente é possível ouvi-la dizer na sala dos professores: "Mamãe estava redondamente enganada quando sonhava em me ver professora porque era uma profissão tranquila: com essa molecadinha cada dia é uma aventura". Aventura essa que, diga-se de passagem, adora incrementar, pois morreria se a cada aula "tivesse que encenar o mesmo papel".	Já há quatro anos na escola em que leciona, pôde acompanhar o desenvolvimento das três turmas com que trabalha desde o 6º ano. Não consegue entender o progressivo desânimo que parece ir "roubando a alma" dos alunos, devolvendo-a assim que eles atravessam o limiar da porta na hora da saída ou do intervalo. A única coisa positiva dessa inquietação é que o repertório de crônicas que vem escrevendo desde a adolescência tem aumentado

gosta de ler o que ainda não foi escrito; prefere poesia, em especial a de Carlos Drummond de Andrade.	Excluindo as da vida real, adora tragédias: Sófocles, Eurípedes, Antígona, Medéia, Édipo Rei... Só tem um rival em sua vida de leitora, o volume das obras completas do Nelson Rodrigues.	vertiginosamente, já que nem os escritos de Rubem Braga ou Paulo Mendes Campos puderam dar conta da angústia pela qual vem passando.

TURMA		
I	II	III
8º ano A	6º ano D	9º ano E
O vento circulando entre os móveis na sala em que estuda o 8º A não produz sons muito diferentes do que nas ocasiões em que a turma está presente, quando se podem ouvir apenas pequenos ruídos de uma carteira ajeitada para acomodar melhor o dono ou de um lápis que cai no chão. Por causa de sua apatia, o grupo chegou a receber entre os professores o apelido de "spa", devido à tranquilidade que tanto silêncio traz ao cotidiano atribulado. Tanto que, depois de alguns meses, muitos professores afirmam "dar até nervoso",	Composta por alunos deslumbradíssimos por não serem "mais crianças", consiste no despertador matutino da escola, pois não há ninguém que não receba uma espécie de choque com a algazarra do grupo, seja na hora da entrada, seja na da saída ou diante de cada tentativa de interação proposta pelo professor: o mais simples "Bom dia", ou até mesmo "Copiem da lousa o que escreverei agora" são seguidos de uma avalanche de comentários, pedidos, sugestões, mudança de lugares na sala de aula...	"Vai valer nota?" Esse é o bordão que se ouve na sala dessa turma a cada solicitação do professor. Convencidos de que nenhuma atividade escolar pode valer algo além de nota e angustiados com a possibilidade de serem reprovados, qualquer iniciativa com o grupo só funciona na base do "toma lá, dá cá". Outro motivo de profunda irritação para os professores é o fato de os alunos revelarem não desejar sequer tirar notas altas: "Como a senhora disse que cada questão valia um ponto, escolhi as mais fáceis, por isso não respondi a oito e a três".

pois "como pode um pessoalzinho tão novo nem parecer que está vivo?". Em relação às aulas, a turma demonstra achar que ler é sempre chato, não importando o conteúdo e o suporte.	Diante das atividades de leitura propostas, a turma não seleciona o que é importante nos textos, invertendo a relação entre o que é essencial e o que é secundário.	Quando solicitados a mostrar o resultado de suas leituras, em vez de elencarem os elementos que sustentam uma determinada conclusão a respeito do texto, os alunos desenvolvem uma "teoria" sobre o tema abordado.
TEXTO		
I	II	III
A bolsa amarela, de Lígia Bojunga.	*O tesouro da casa velha*, de Cora Coralina.	*O beijo no asfalto*, de Nelson Rodrigues.
Trata-se de narrativa feita em primeira pessoa pela menina Raquel que, sendo a única criança em uma família composta por adultos e adolescentes preocupados com seus próprios problemas, recorre à escrita como forma de escapar do cotidiano que a desagrada, elaborando personagens e histórias que a fazem refletir sobre os modelos de vida ao seu redor.	Reunião de contos em que a escritora recupera sua infância de menina "parva, obtusa e inzoneira" no interior da Goiás do início do século XX.	Tragédia moderna cujo drama gira em torno das consequências sofridas por Arandir, a quem uma pessoa atropelada por um bonde pede um beijo.
POSSÍVEL ATIVIDADE		
A	B	C
Leitura dramatizada	Análise minuciosa do texto	Representação teatral

Após verificar o que a bola de cristal de Dona Cicinha revelou, verifique as interpretações a que ela chegou com base no que viu.

REVELAÇÕES DA BOLA DE CRISTAL	INTERPRETAÇÃO DE DONA CICINHA
2+ii+I+C = ☹	Antes que os bombeiros intercedessem devido ao excesso de "fogo" ou que fosse necessária uma ambulância para conter Antígona, prestes a um infarto ou a um ataque histérico, a diretora da escola sugeriu que o ensaio para a representação teatral proposta pela professora fosse adiado. Somente após esse aviso, do qual apenas a segunda parte foi dita aos alunos pelo inspetor, pôde-se deixar de ouvir por toda a escola os berros que caracterizaram a primeira parte da atividade, em que os alunos, em grupos, foram encarregados de dividir os papéis dos familiares de Raquel entre si.
1+ ii + I + C= ☺	Ao sugerir que o livro *A bolsa amarela* fosse lido para a elaboração de um trabalho "cuja nota teria peso 2 na média final", a professora Circe não imaginava que teria encontrado o ponto fraco-forte da turma: enredados pela história de Raquel e pela forma de narrar de Bojunga, uma leitura puxou outra e outros textos foram solicitados, exigidos até. O processo culminou com uma apresentação bastante elogiada pelas outras turmas, mas não se encerrou aí, resultando na diminuição das preocupações "notísticas" do grupo, além da formação de grupos de leitura de textos narrativos, no caso dos que se envolveram particularmente pelo ato de adaptar a narração para a forma teatral de Maria Clara Machado e Nelson Rodrigues.
1+ i + II + A= ☹	"Nem na sua infância triste a Cora Coralina foi tão espezinhada." Esse foi o único comentário que os colegas conseguiram obter da professora Circe como explicação para sua cara emburrada. Da leitura dramatizada, que na turma do 8º ano se caracterizou como leitura sonífera, ela não quis comentar nada, guardando para si a dúvida do porquê desse fracasso, que levou para casa com a firme decisão de transformar em sucesso numa segunda tentativa.

CAPÍTULO 12 Da Preparação à Avaliação de Segmentos Lógicos...

Agora é com você! Exercite seus dons didático-premonitórios, considerando o Quadro 12.2, que se segue:

Quadro 12.2 *Novas revelações da bola de cristal*

```
2+ i + II + B=
1+ ii + I + C =
1 + i + II + B=
3+ i + III + A=
2+ iii + I + B=
3+ ii + II + B=
1+ ii + III +A=
2+ iii + I + B=
3+ i+ III + A=
3+ ii + II + B=
```

Para ler mais sobre o tema

CALKINS, Lucy McCormick. *A arte de ensinar a escrever*. Porto Alegre: Artes Médicas, 1989. Por meio do questionamento sobre o que é essencial no ensino da escrita, a autora desenvolve um percurso didático para pensar as atividades de escrita e o seu significado em contextos reais de salas de aula. Trata-se de um livro cuja abrangência é bastante grande, com capítulos sobre escrita, poesia, ficção e relatórios.

FRANCHI, Eglê. O que e como escreviam meus alunos. In: *E as crianças eram difíceis*: a redação na escola. São Paulo: Martins Fontes, 1984. p. 11-43. Registro das etapas que a autora realizou ao fazer uma avaliação diagnóstica com base nas redações de seus alunos de 1ª a 4ª série (atualmente, 2º a 5º ano). Apresenta as alternativas de intervenções didáticas elaboradas observando as constatações identificadas, apresentando-se, em função disso, como um belíssimo exemplo de quem se autoriza a dar uma parada para avaliar sua própria prática.

LUCKESI, Cipriano Carlos. *Avaliação da aprendizagem escolar*. São Paulo: Cortez, 2002. Aborda diversos temas e problemas que envolvem a avaliação. A obra é composta pela reunião de textos publicados separadamente. Destacamos o capítulo "Avaliação educacional escolar: para além do autoritarismo", que defende a avaliação como uma ação do professor marcada por decisões claras e explícitas do que ele está fazendo e para onde possivelmente está encaminhando os resultados de sua ação.

RODARI, Gianni. *Gramática da fantasia*. São Paulo: Summus, 1982. Opondo-se a um modelo educacional que se pauta pelo incentivo à memória e ao comodismo, o autor defende a imaginação e a criatividade como parâmetros para a atividade escolar. Apresenta expedientes por meios dos quais o leitor é convidado a criar histórias e a ensinar os alunos a contá-las e a implicar-se na reflexão sobre a linguagem numa perspectiva lúdica.

Referências bibliográficas

BOJUNGA, L. *A casa da madrinha*. 7. ed. Rio de Janeiro: Agir, 1985.

CALKINS, L. M. *A arte de ensinar a escrever*. Trad. Daise Batista. Supervisão e revisão técnica Inajara Rodrigues. Porto Alegre: Artes Médicas, 1989.

CORALINA, C. *O tesouro da casa velha*. São Paulo: Global, 2000.

FRANCHI, E. O que e como escreviam meus alunos. In: *E as crianças eram difíceis*: a redação na escola. São Paulo: Martins Fontes, 1984, p. 11-43.

HOMERO. *Odisséia*. Trad. Carlos Alberto Nunes. Rio de Janeiro: Ediouro, 2001.

LUCKESI, C. C. Avaliação educacional escolar: para além do autoritarismo. *Revista Tecnologia Educacional*, ABT, Rio de Janeiro, n. 61, p. 6-26, 1984.

_____. *Avaliação da aprendizagem escolar*. São Paulo: Cortez, 2002.

RODARI, G. *Gramática da fantasia*. São Paulo: Summus, 1982.

RODRIGUES, N. *O beijo no asfalto*. 2. ed. Rio de Janeiro: Nova Aguilar, 2004.

SMOLKA, A. L. B. *A criança na fase inicial da escrita*: a alfabetização como processo discursivo. São Paulo: Cortez, 1993. p. 12.

STEPHANIDES, M. *Teseu, Perseu e outros mitos*. Trad. Janaína R. M. Potzmann. 3. ed. São Paulo: Odysseus, 2004.

CAPÍTULO 13
Até onde conseguiremos ir com o ensino da Língua Portuguesa destinado ao jovem contemporâneo?

Questão para reflexão

A necessidade de não sermos omissos em nossa prática profissional implica considerar o presente. Tendo em vista a forma como o poeta se envolve com seu presente e dele retira a matéria para a construção de nossa prática, propomos o seguinte questionamento:

> Dada a constatação inequívoca de que o mundo mudou, continuaremos insistindo nos modelos já existentes para o ensino de Língua Portuguesa ou, ao nos tornarmos parceiros do novo aluno, nos comprometeremos com a construção partilhada de um trabalho singular?

Estudando a teoria e os aspectos metodológicos

> *O tempo é a minha matéria,*
> *o tempo presente, os homens presentes,*
> *a vida presente.*
> Carlos Drummond de Andrade

Aqui e agora. Eis duas palavras que nortearam nossa pesquisa e discussão durante a escrita deste volume. Ambas expressam a necessidade imperativa de considerarmos as condições de produção ao idealizarmos um percurso de trabalho. Alunos e professores são de carne e osso; moram em local determinado e vivem em tempo específico.

Por esse motivo, neste que será o último dos capítulos deste livro, a tônica é a reflexão a respeito de alguns parâmetros norteadores para o ensino de Língua Portuguesa que possam nos auxiliar – emprestando aqui algumas palavras de Drummond – a olhar nossos alunos como companheiros de um percurso de trabalho a ser trilhado mão na mão; olho no olho; palavra por palavra.

Acrescentamos, então, uma terceira palavra: parceria; aquilo que – emprestando a voz dos músicos contemporâneos Tom Zé e Ana Carolina – se constrói sem a denegação de que "a casa da humanidade" é o lugar onde "cada homem é sozinho". Essa verdade nos convoca a levar em conta a "unimultiplicidade" ao planejarmos nossos modos de estar juntos. Continuemos.

Você gosta de brincar de cabo de guerra?

Devido às características da sociedade brasileira, a cópia de modelos elaborados com base na experiência educativa de outros países pode nos conduzir a resultados tão "eficazes" como o ato de tentar encaixar uma bola de basquete em uma caçapa de mesa de sinuca. Referimo-nos ao fato de que há brasis dentro do Brasil e, consequentemente, muitas variações linguísticas coabitando um mesmo território. Referimo-nos ao fato de sermos um país pluricultural, no qual pessoas descendentes de diferentes etnias convivem e aprendem a se tolerar.

Consideramos também que a Língua Portuguesa nos foi impingida como língua oficial e que, ao longo dos tempos, os falantes das demais variações foram convocados a adotar a língua do colonizador e a ensiná-la a seus filhos. Assim, a instituição escolar também foi constituída para insistir na construção de uma pátria monolíngue.

Felizmente, há vida além dos muros da escola. As muitas formas de interação social mediadas pela linguagem garantem o uso das variedades estigmatizadas, bem como daquelas que estão sendo inventadas pelos jovens aqui e agora. Considerar nosso aluno como companheiro de trabalho, a nosso ver, cria a necessidade de acolher, com serenidade, as manifestações linguísticas geradas por todas as novas gerações. Inclui, ainda, a necessidade de não se escandalizar na presença de uma espécie de desprezo pela língua-padrão que os jovens de hoje demonstram, por exemplo, quando nos interrogam: "Para que gastar tempo aprendendo uma variedade que não quero usar?". Reconheçamos que, se ficarmos presos à indignação que esse tipo de interrogação costuma nos causar, teremos muita dificuldade em articular uma resposta que os convença.

Consequentemente, nas aulas de Língua Portuguesa, instaura-se um "cabo de guerra". De um lado da corda, o professor puxa, auxiliado por aqueles poucos alunos que acabam conhecidos como "CDFs", do outro puxa uma legião obscura que insiste em utilizar uma variedade cuja primeira função é dizer "Sou diferente de você" aos representantes do *status quo*.

A situação é complexa. Por um lado, não podemos ignorar que, de modo geral, são os jovens que, por meio do processo de negação do modelo antigo, desempenham um papel importante na construção de algo novo. Por outro, a escolha de uma única variação linguística – no caso, aquela praticada por seus pares mais próximos – tende a gerar a formação de guetos e, consequentemente, de um inexorável processo de exclusão das obras importantes que constitui o acervo cultural acumulado pela humanidade.

Assumimos aqui a posição de que o professor de Língua Portuguesa não pode ser cúmplice, de forma alguma, da conjuntura social que leva o jovem a ignorar outros modos de expressão verbal praticados com seus pares. Acreditarmos nisso não nos leva a propor, entretanto, que o jovem deva desistir de suas construções, de suas inovações linguísticas. Ao contrário, achamos que negar o modo de falar do jovem não parece ser uma escolha inteligente por parte do professor.

Apostamos, portanto, na necessidade de abandonar a posição de que pouco se sabe a respeito da língua usada pelo aluno. Dito de outro modo, ensinar a Língua Portuguesa na contemporaneidade demanda que deixemos de almejar um tipo de aluno ideal, moldável aos propósitos da assimilação de uma língua que não lhe é familiar. Demanda também investimento na direção de uma pesquisa cujo produto final é a construção de um modo de trabalhar que, a nosso ver, ainda está por ser inventado em nosso país.

Referimo-nos a um trabalho que, considerando as opções linguísticas dos alunos, lhes forneça um amplo acervo de modos de expressão. Mais ou menos como se a gente recebesse uma pessoa que só tem uma caixa de giz de cor com 6 unidades e lhe ensinássemos a combiná-la com uma caixa de lápis aquarelável de 72 unidades. O professor entra com o material e o aluno, com a obra. Na vida real, porém, como saber que material ele já tem?

Construindo parcerias com o aluno de carne e osso

Pesquisar os modos como os jovens usam a linguagem antes de chegarem até a sala de aula é imperativo. Consequentemente, procurando instrumentalizar esse trabalho investigativo, defendemos a necessidade de o professor ter em mãos um (ou vários) dispositivo que o ajude a verificar o estado atual da realidade linguística do aluno. Por esse motivo, construímos um dispositivo-matriz para facilitar o registro da verificação do nível linguístico do aluno em um dado momento de seu percurso, a saber: a ficha individual de acompanhamento diagnóstico (ver Anexo).

CAPÍTULO 13 Até Onde Conseguiremos Ir com o Ensino da Língua Portuguesa...

Descrevendo a ficha individual de acompanhamento diagnóstico

O primeiro passo para construir a ficha que ora descrevemos foi uma longa reflexão a respeito de como poderia se desenvolver, ao final dos nove anos do primeiro ciclo do Ensino Fundamental, o nosso "aluno ideal". A ficha foi montada pensando na melhor das hipóteses: ela descreve a meta que desejamos atingir em longo prazo.

Como é possível perceber com a análise do Anexo, nosso modelo de ficha reúne, em um mesmo espaço gráfico, os cinco níveis que, a nosso ver, alicerçam o ensino de Língua Portuguesa: 1) *oralidade*; 2) *reflexão sobre a língua*; 3) *leitura*; 4) *fruição do texto literário*; e 5) *escrita*. Levando em consideração cada um desses aspectos concernentes ao ensino de Língua Portuguesa, traduzimos cada objetivo específico na forma de uma pergunta passível de ser respondida com relação à frequência em que ocorrem: "sempre", "acidentalmente" e "nunca".

Nosso aluno ideal seria aquele que, por volta dos 15 anos, apresentasse uma produção que possibilitasse o assinalamento de "sempre" em todos os parênteses. Antes de mencionarmos nossas ressalvas em relação aos ideais que construímos, convidamos você a tomar contato com cada campo da ficha.

O TRABALHO COM A LÍNGUA ORAL

Partimos do pressuposto que desenvolver um trabalho com oralidade na sala de aula implica chamar a atenção do aluno para as características da língua que decorrem de dois fatos: a) ela ter como suporte preferencial o significante vozeado; e b) ser realizada em contexto de interação social. Segue uma descrição mais detalhada de cada uma das perguntas deste tópico.

- *Elege claramente um interlocutor para falar?*: O objetivo é saber se o aluno é capaz de direcionar sua fala de modo que o interlocutor eleito se reconheça como parte do processo. Incide sobre o desafio de incluir o outro em sua enunciação a ponto

de calculá-la de um lugar de observação (projetivo) diferente de si próprio.
- *Sabe jogar com os turnos de fala?*: O objetivo é saber se o aluno é capaz de considerar o tempo da fala do outro e calcular o momento adequado para introduzir a sua. Trata-se da decisão a respeito dos benefícios de esperar o término da fala de outra pessoa ou de interrompê-la; de incluir ou desconsiderar o que foi dito pelo outro etc.
- *Ao reagir à fala de algum colega, considera-a, não dando a impressão de que não percebe quando mudou de tópico?*: O objetivo é saber se o aluno é capaz de perceber quando o seu interlocutor mudou de assunto e, com base nisso, realizar os movimentos pertinentes: aceitar ou rejeitar o novo tópico, questionar o porquê da mudança; insistir na manutenção do tópico anterior etc.
- *Se necessário, consegue levar em consideração as reações de seu interlocutor para reorientar sua fala?*: O objetivo é saber se o aluno é capaz de, após produzir sua fala, verificar os efeitos que produziu sobre o interlocutor e, considerando esse cálculo, dar continuidade à sua linha argumentativa ou alterá-la.
- *Compreende que a fala pode ser reformulada até se chegar a uma interação desejável?*: O objetivo é saber se o aluno consegue perceber que, mesmo em contexto de interação oral, é possível reformular, com insistência, seu projeto de texto.

O TRABALHO QUE VISA À REFLEXÃO SOBRE A LÍNGUA

Para elaborarmos as próximas quatro questões, partimos do pressuposto de que estudar a língua implica realizar um conjunto de ações que nos possibilite perceber seus recursos expressivos e, com base neles, dar maior brilho e vivacidade aos nossos discursos.

- *Reconhece as diferenças entre as diversas variações linguísticas da Língua Portuguesa?*: O objetivo é saber se o aluno é capaz de perceber traços que dão indícios da identificação do falante

quanto à inserção geográfica, faixa etária, grau de escolaridade, classe social, e assim por diante. Implica também a possibilidade de calcular os efeitos gerados por suas escolhas.
- *Consegue tomar a linguagem como objeto de análise em si, desprendendo-se do conteúdo veiculado na peça analisada?*: O objetivo é saber se o aluno percebe que a linguagem é um objeto de estudo que possui materialidade independente dos conteúdos que tentamos veicular por meio dela. Do mesmo modo, visa à verificação de quanto ele consegue incidir analiticamente sobre as materialidades linguístico-discursivas.
- *Ao produzir enunciados orais e escritos, demonstra conseguir calcular deliberada e antecipadamente seus efeitos de sentido no interlocutor?*: O objetivo é saber se o aluno é capaz de compreender que, durante uma situação de interlocução, as escolhas linguísticas geram reações no interlocutor que, muitas vezes, escapam do âmbito pretendido por nós.
- *Compreende que as condições de produção são diferentes na fala e na escrita?*: O objetivo é saber se o aluno é capaz de perceber que as condições de produção da fala são bastante diferentes das condições da escrita e, consequentemente, mobilizar recursos expressivos e maneiras de articulá-los mais apropriadas a cada um dos registros.

O TRABALHO COM A LEITURA

Tendo compreendido que o trabalho com a leitura se constitui em uma série de atividades que vão muito além do simples ato de decodificação da escrita, elaboramos um conjunto de questões que detalhamos na sequência.

- *Seleciona textos de acordo com suas necessidades específicas?*: O objetivo é saber até que ponto o aluno é capaz de, dada uma situação específica de trabalho, pesquisa ou desejo pessoal, selecionar textos pertinentes.

- *Em um texto longo, é capaz de buscar fragmentos que julga necessário?*: O objetivo é saber se o aluno é capaz de realizar recortes significativos seja para pinçar elementos visando responder a uma demanda específica, seja para construir hipóteses interpretativas que possam ser checadas por meio do cotejamento com as demais partes do texto.
- *Entende o que lê?*: O objetivo é saber se o aluno é capaz de construir hipóteses interpretativas pertinentes que se sustentam na sua comunidade linguística.
- *Durante o ato de ler, considera as implicações advindas das especificidades dos diferentes tipos de texto?*: O objetivo é saber se o aluno é capaz de identificar os efeitos de sentido pelas especificidades textuais e, consequentemente, mobilizá-los durante o ato de ler.
- *Durante o ato de ler, consegue orientar sua leitura considerando as diferenças dos diversos suportes?*: O objetivo é saber se o aluno é capaz de construir um percurso de leitura que leve em consideração o suporte em que o texto está inserido, inclusive no que tange a sua decisão sobre a confiabilidade das informações registradas em determinado texto.

O TRABALHO VISANDO À FRUIÇÃO DO TEXTO LITERÁRIO

Partindo do pressuposto de que abordar um texto literário demanda a construção de um modo singular de ler, elaboramos o seguinte conjunto de questões:

- *Apresenta interesse pelos diversos tipos de textos literários, lendo-os, inclusive, por conta própria?*: O objetivo é saber se o aluno motiva-se a ler diferentes tipos de textos literários.
- *Ao ler o texto literário, é capaz de desprender-se do mero reconto do enredo e interpretar seus recursos figurativos?*: O objetivo é saber se o aluno é capaz de identificar as formas expressivas inerentes ao texto literário.

- *Ao ler um texto literário, reconhece seus componentes?*: O objetivo é saber se o aluno reconhece os elementos básicos que costumam caracterizar cada tipo de texto.
- *Reconhece a diferença entre o autor e o narrador de um texto?*: O objetivo é saber se o aluno é capaz de compreender que o narrador é apenas uma das peças inventadas em uma obra de ficção, e não o autor do texto.
- *Baseado em uma leitura, faz inferências que possibilitem concordar ou discordar das posições ideológicas colocadas?*: O objetivo é saber se o aluno é capaz de perceber que um texto literário não é uma peça livre de ideologias, que podem, inclusive, ser analisadas.

O TRABALHO COM A ESCRITA

Por considerarmos que a escrita se constrói por meio de um trabalho que lhe é específico (Riolfi, 2003), elaboramos o conjunto de questões a seguir tendo em vista, justamente, sua singularidade.

- *Em sua produção, dá mostras de compreender que a escrita NÃO é uma transcrição da fala?*: O objetivo é saber se o aluno é capaz de compreender que a escrita é um sistema simbólico independente da fala, articulado com características próprias que, consequentemente, podem ser mobilizadas.
- *Em uma produção escrita, consegue manter coerência no desenvolvimento do tema proposto?*: O objetivo é saber se o aluno é capaz de escrever um texto levando em consideração uma proposta temática e, ao fazê-lo, não se perder em digressões pouco pertinentes em seu projeto de construção de texto.
- *Sabe usar recursos linguísticos variados na construção da argumentação e do estilo de seu texto?*: O objetivo é saber se o aluno é capaz de realizar um conjunto de escolhas linguísticas que agregue valor ao seu projeto de construção textual e, ao fazê-lo, aumente as chances de obter a adesão do leitor ao seu texto.

- *Na medida do possível, respeita a convenção ortográfica da Língua Portuguesa?*: O objetivo é saber se o aluno leva em consideração os usos ortográficos convencionalmente aceitos.
- *Apresenta coesão na produção escrita?*: O objetivo é saber se o aluno mobiliza recursos linguísticos para garantir a conexão entre as partes constituintes do texto.

Para concluir este capítulo, gostaríamos de fazer duas observações. A primeira versa sobre a idealização de aluno sobre a qual nosso dispositivo de avaliação diagnóstica foi montado. Para tanto, lembremos de uma passagem bíblica que porta a recomendação segundo a qual só pode atirar pedras quem não tem pecados (conforme João 8:07). Então, sejamos francos: quem, entre nós, professores de Língua Portuguesa, tem segurança de que nossa produção, uma vez avaliada, daria ensejo à menção "sempre" em todos os campos de nossa ficha? Evidentemente, ninguém! Trata-se de uma missão impossível porque errar é do humano e fugir, escorregar, falhar é da linguagem. Em outras palavras, uma meta norteadora dos trabalhos não pode ser confundida com um modelo engessado que, em vez de ajudar, atrapalha nosso trabalho.

A segunda observação versa sobre a idealização de trabalho pedagógico que costumamos fazer. Retomando a metáfora do cabo de guerra que utilizamos para aludir ao conflito entre gerações, não acreditamos, em hipótese nenhuma, na possibilidade de superação desse conflito. Aliás, nem julgamos benéfico que crianças, jovens e adultos convivam promiscuamente em um mesmo "saco de gatos". Por esse motivo, o cabo de guerra sempre vai existir, o que nos fornece uma vantagem: a existência da corda. As cordas também servem para brincar de pular, passar embaixo ou pular por cima ou construir laços.

"Construir laços", eis a última expressão que desejamos inscrever para que ressoe por si mesma.

Atividade inspiradora

Um aluno de sangue, carne e osso... (Haja fôlego!)

Ao longo do capítulo, insistimos na necessidade de o professor aproximar-se do "aluno de carne e osso". Por esse motivo, nesta que será a última de nossas atividades inspiradoras, partimos da consideração de um perfil de adolescente urbano típico. Ele foi forjado levando em consideração a série de aparições que a mídia impressa tem dado à tribo urbana *emo* – e a seus numerosos detratores – cuja descrição, segundo Castro (2006), é a seguinte:

> Eles usam franjas compridas, colares de bolas e têm um ar de desencanto e melancolia. Demonstram carinho publicamente e não têm pudor em mostrar suas emoções. No último ano, os Emos se multiplicaram e viraram febre entre os adolescentes. Para muitos seguidores do estilo, o Emo vai além da música. A palavra vem de "emotional hardcore", mas não significa que todos os fãs do estilo sejam necessariamente melancólicos. Eles são avessos a conflitos e brigas. Não costumam aceitar provocações e não são arrogantes. A nova tribo urbana tem sofrido com o preconceito por causa do visual e do jeito emotivo e melancólico, são alvo de gracinhas e brincadeiras e ganharam a fama de bissexuais. Existem até pessoas que usam broches com a frase "Odeio Emo", por acharem que o estilo é apenas uma modinha. Mas a origem de tudo está na música, o emocore. Derivado do hardcore, tipo de rock pesado, acrescentou melodia às guitarras distorcidas e passou a tratar de assuntos do coração, no lugar de músicas de protesto.

Em uma pesquisa no site de relacionamentos *Orkut*, descobrimos um número bastante considerável de comunidades cujo objetivo é difamá-los. Como ponto de partida, tomemos a descrição de uma, composta por 51 mil membros*:

> EMO NEM F*DENDO!
> Comunidade pra você que ODEIA esses Emolixos...

> Que só servem pra deixar o mundo mais feio, mais triste, mais gay, e mais... mais EMO!!
> E se você, que nem nós, acha que EMO é uma desgraça! Entre, entre! Terá totalmente liberdade de expressão!
> EMOS, EMOS!! Entrem! Xinguem! E s

Nessa comunidade encontramos um adolescente que aqui chamaremos de Alex. Catorze anos, mora na Zona Leste de São Paulo; está concluindo o 9º ano do Ensino Fundamental. A atividade que ora propomos é imaginar que você se tornará o professor de Língua Portuguesa dele na primeira série do Ensino Médio e, consequentemente, procurará traçar o perfil de seu novo aluno, utilizando, para tal fim, nosso modelo de ficha de acompanhamento diagnóstico.

Visando oferecer subsídios para o exercício desse trabalho "detetivesco", apresentamos uma amostra de escrita, transcrições de diálogos e depoimentos de Alex. As instruções são as seguintes: após ter analisado cuidadosamente cada um dos fragmentos da produção do garoto, tome-a como um indício que permite a construção de uma análise diagnóstica e assinale a melhor opção em cada uma das questões propostas.

CAPÍTULO 13   Até Onde Conseguiremos Ir com o Ensino da Língua Portuguesa...

PRODUÇÃO ESCRITA

Leia o texto que Alex inseriu como seu perfil em sua página pessoal no *Orkut*:

Um homem vale por aquilo o que ele é e não pelo que parece ser.
A vida vale a pena ser vivida em todos os seus momentos.
Vivo dez anos a mil que mil anos a dez.
Amizade é aquilo que a gente conquista e não deixa guardado numa gaveta.
Não guarde rancor das pessoas que não gostam de você.
Vá sempre pelo caminho do meio, pois querer é poder.
Tudo vale a pena quando a alma é pequena.

Esse perfil é simples, mas é de coração.

Dá mostras de compreender que a escrita NÃO é uma transcrição da fala?	Consegue manter coerência no desenvolvimento do tema proposto?	Sabe usar recursos linguísticos variados na construção da argumentação e do estilo de seu texto?	Na medida do possível, respeita a convenção ortográfica da Língua Portuguesa?	Apresenta coesão na produção escrita?
( ) sempre ( ) acidentalmente ( ) nunca	( ) sempre ( ) acidentalmente ( ) nunca	( ) sempre ( ) acidentalmente ( ) nunca	( ) sempre ( ) acidentalmente ( ) nunca	( ) sempre ( ) acidentalmente ( ) nunca

LÍNGUA ORAL

A seguir, tome conhecimento de um diálogo travado entre Alex e seus amigos:

Alex: Rola criar uma comu pra pô pau no c✱ dos EMO?
Duca: Caranche!! Isso vai ser mó legal.
Alex: Meu, vamu fazer esses franjinha...
Bia: Dá horinha!!
Duca: franjinha ridículo!
Alex: ... vê o que é bom.

Bia:	Outro dia eu tava na perua da escola e vi um EMO todo metido na rua e gritei
Alex:	Ah eu também vi...
Bia:	... cala a boca: deixa eu fala... ele tava com mó franja de vassoura de piaçava e gritei...
Duca:	Meu, to cum fome!
Bia:	e aí seu emo c*são.
Alex:	para aí::vamu fazer essa p*rra aqui
Bia:	O que ce tem aí pra come

Elege claramente um interlocutor para falar?	Sabe jogar com os turnos de fala?	Ao reagir à fala de algum colega, considera-a, não dando a impressão de que não percebe quando mudou de tópico?	Se necessário, consegue levar em consideração as reações de seu interlocutor para reorientar sua fala?	Compreende que a fala pode ser reformulada até que se chegue a uma interação desejável?
( ) sempre	( ) sempre	( ) sempre	( ) sempre	( ) sempre
( ) acidentalmente	( ) acidentalmente	( ) acidentalmente	( ) acidentalmente	( ) acidentalmente
( ) nunca	( ) nunca	( ) nunca	( ) nunca	( ) nunca

REFLEXÃO SOBRE A LÍNGUA

Considere o seguinte diálogo entre Alex, sua atual professora e seus colegas de classe, em um momento de descontração:

Aninha: — Professora, hoje a senhora nem olhou pra mim...
Professora: — Vem cá, sua bezerra abandonada!
Alex: — Vai lá, sua bizarra abandonada! Nunca vi esquisita que nem você...
Professora: — "Bizarra abandonada", Alex !!?
Alex: — Melhor do que bezerra. Quando cresce vira vaca!
Juninho: — E como pode uma menina virar vaca?
Alex: — Do mesmo jeito que, na tua terra, cresce e vira rapariga, sacou?

CAPÍTULO 13 Até Onde Conseguiremos Ir com o Ensino da Língua Portuguesa...

Reconhece as diferenças entre as diversas variações linguísticas da Língua Portuguesa?	Consegue tomar a linguagem como objeto de análise, independentemente do conteúdo veiculado na peça analisada?	Ao produzir enunciados orais e escritos, demonstra conseguir calcular deliberada e antecipadamente seus efeitos de sentido no interlocutor?	Compreende que as condições de produção são diferentes na fala e na escrita?
( ) sempre ( ) acidentalmente ( ) nunca	( ) sempre ( ) acidentalmente ( ) nunca	( ) sempre ( ) acidentalmente ( ) nunca	( ) sempre ( ) acidentalmente ( ) nunca

LEITURA

Leve em consideração este monólogo, executado por Alex, em resposta a uma interrogação da diretora da sua escola a respeito de uma situação de leitura durante a qual ficou evidente que o garoto trocou a palavra "laser" pela palavra "lazer".

Por que que eu vim parar aqui de novo, Dona Rute? Nem vem dizendo que não tenho jeito não! Quem não tem jeito é esse raio dessa escola! Vou mandar meu pai me tirar daqui assim que eu chegar em casa. Lá na vila do meu primo, ele estuda numa escola que a professora não é louca não!

Que calma, Dona Rute, que mané calma o quê! Faço o tal do trabalhinho da recuperação, ponho capinha e tudo, entrego pra professora... Suave, tudo suave. Hoje, quando chego na sala todo mundo me zuando. Tive que colá o Dudinha até ele falar o que aconteceu ontem, quando eu faltei.

O que que houve? A professora leu o trabalho e ficou zuando. Como é que eu ia saber que o que tá na moda é estudar diversão na zona leste?

Puta trabalhão, cara, fui na casa do meu tio, pedi pra usar a Internet e mandei bala. Saiu um monte de endereço de clínica que trabalhava com aparelhos de alta tecnologia. A professora é louca, faço uma baita pesquisa e ela fica zuando? O Dudinha explicou que eu devo ter digitado alguma coisa errada e pra completar saiu no meio site de zoeira, umas coisas do cara do Jornada nas Galáxias. É, aquele filme que tem o cara que tem voz de aspirador de pó.

Se eu não vi antes? Não vi não. Juntei tudo num disquete, que a impressora tava quebrada, levei pra imprimir na papelaria, o Seu João até deu a capinha de brinde, juntei e entreguei. Pra aprender? Pra que ler, ué? A professora ia explicar na aula e ela repete tanto, que mesmo se eu não quisesse ia descobrir o que era. Acontece que faltei ontem e aí ela resolveu pagar de engraçada fazendo piada com meu trabalho.

Seleciona textos de acordo com suas necessidades específicas?	Em um texto longo, é capaz de buscar fragmentos que julga necessário?	Entende o que lê?	Durante o ato de ler, considera as implicações advindas das especificidades dos diferentes tipos de texto?	Durante o ato de ler, consegue orientar sua leitura considerando as diferenças dos diversos suportes?
( ) sempre ( ) acidentalmente ( ) nunca	( ) sempre ( ) acidentalmente ( ) nunca	( ) sempre ( ) acidentalmente ( ) nunca	( ) sempre ( ) acidentalmente ( ) nunca	( ) sempre ( ) acidentalmente ( ) nunca

FRUIÇÃO DO TEXTO LITERÁRIO

Desfrute da entrevista que Alex deu por e-mail a sua amiga Tatinha, para ajudá-la em uma pesquisa universitária sobre leitura.

Para começar, só tô dando essa entrevista porque tô te devendo uma por aquele dia na festa, Tatinha, mó legal cê deixar eu dormir lá na sua casa depois daquele porre. Chegar em casa chapado ia dar mó problema.

Falá de leitura, pô sei lá! Eu leio, claro que eu leio: letreiro do ônibus, hê hê, as coisas na net, scraap!

Falando sério, agora que cê ficou metida com essa tal dessa pós, vou ajudar tua pesquisa, mas cê vê lá se inventa um outro nome na hora de fazer o trabalho.

Leitura era legal para mim quando eu estava na 3ª série[1]. Tinha umas historinhas que a professora lia e depois deixava uns livros do mesmo tipo pra gente ler. Putz, acho que chamava lenda, sei que é tanto nome de texto agora com essa coisa que inventaram na escola de dar matéria que já prepara pro vestibular. Uma merda. pô, eu tô na 8ª e quero é ter meu próprio negócio, qui mané Faculdade, quero é abrir uma lan house, já falei pro meu pai!

---

[1] Hoje, esta série corresponde ao 4º ano, conforme a Lei nº 11.274/06 (N.E.).

> Xi, mas a leitura, então tinha essa tal de lenda, que tinha uns bichos que falavam e uma mensagem no final. Era bem legal.
>
> De resto não lembro. Mas peraí, tem sim um cara que fazia uns livros tipo de mistério, lembro que um personagem era gordo e namorava uma tal de Berê, Enê, e a turma ia repetindo em vários livros do cara. Li uns três e gostei. O cara contava a história de um jeito mó legal. Esses livros eu gostei, nem pedi o resumo da minha colega, a Nanda, para fazer o teste, me virei sozinho, valeu?

Apresenta interesse pelos textos literários, lendo-os, inclusive, por conta própria?	Ao ler o texto literário, é capaz de desprender-se do mero reconto do enredo e interpretar seus recursos figurativos?	Ao ler um texto literário, reconhece seus componentes?	Reconhece a diferença entre o autor e o narrador de um texto?	Com base em uma leitura, faz inferências que possibilitem concordar ou discordar das posições ideológicas colocadas?
( ) sempre ( ) acidentalmente ( ) nunca	( ) sempre ( ) acidentalmente ( ) nunca	( ) sempre ( ) acidentalmente ( ) nunca	( ) sempre ( ) acidentalmente ( ) nunca	( ) sempre ( ) acidentalmente ( ) nunca

Para concluir a atividade, convidamos você a sintetizar os pontos fortes e fracos de Alex, e, com base nessa síntese, projetar um programa de Língua Portuguesa mais adequado para o início de seu trabalho no primeiro semestre.

Para ler mais sobre o tema

AUTHIER-REVUZ, Jacqueline. *Palavras incertas*: as não coincidências do dizer. Trad. da equipe coordenada por M. Onice Payer. Campinas: Unicamp, 1998. Mediante a inspirada análise de um sem-número de exemplos – cujo traço comum é apresentar, em um ponto qualquer de seu desenrolar, um dizer que se apresenta como "não falando por si" (p. 14) – a autora nos mostra como o signo às vezes se interpõe a uma falácia de compreensão linear e nos faz perceber que a linguagem não é transparente, demanda interpretação. Por esse motivo, trata-se de um trabalho inspirador no que tange à consideração da polissemia e da ambiguidade nos diversos âmbitos de nossa prática pedagógica.

BORTONI-RICARDO, Stella Maris. *Nós cheguemu na escola, e agora?* Sociolinguística e educação. São Paulo: Parábola, 2005. Panorama amplo dos temas sociolinguísticos cujo eixo norteador é a aplicação da sociolinguística à educação. A proposta não defende a criação de uma nova ordem de ensino gramatical, mas de um conjunto de temas que ajude o professor a refletir sobre a variação linguística em sua relação com seus representantes sociais.

GERALDI, João Wanderley. *Linguagem e ensino*: exercícios de militância e divulgação. Campinas: Mercado de Letras, 2002. Esse clássico dos anos 1980 é dividido em três partes: a primeira aborda o trabalho com o ensino de língua materna de modo geral; a segunda é mais dedicada a aspectos que envolvem a leitura; e a terceira apresenta a proposta de trabalho tendo como base o próprio texto produzido pelo aluno. Reúne textos sobre a linguagem e seu ensino, tomando o professor como seu principal interlocutor.

GNERRE, Maurizi. (1985). *Linguagem, escrita e poder*. São Paulo: Martins Fontes, 1998. O autor relaciona os usos da linguagem a questões de poder e saber. De modo cuidadoso, procura alertar para os riscos da adoção de atitudes teóricas precipitadas e de técnicas de última hora. Em certa medida, o texto rebate, de maneira apropriada, os modelos preestabelecidos para o ensino da língua que são reproduzidos indistintamente por profissionais da área da linguagem. Cabe ressaltar que, apesar da aparência de uma obra-denúncia, trata-se de um livro propositivo que convoca o leitor a se desligar do estado de inércia.

GREGOLIN, Maria do Rosário de Fátima Valencise; LEONEL, Maria Célia de Moraes (orgs.). *O que quer o que pode esta língua?* Brasil/Portugal: o ensino de língua portuguesa e de suas literaturas. Araraquara:

CAPÍTULO 13 Até Onde Conseguiremos Ir com o Ensino da Língua Portuguesa...

Cursos de Pós-Graduação em Letras/FCL-Unesp, 1997. Versa sobre as igualdades e diferenças no tratamento educacional da língua e da literatura no Brasil e em Portugal, aguçando a memória do leitor para as especificidades da língua. A obra é composta por uma coletânea de textos resultantes de dois eventos científicos realizados na Faculdade de Ciências e Letras de Araraquara em 1996. Defendendo que os resultados das pesquisas linguísticas não podem estar desvinculados do ensino, apresenta experiências inovadoras que apontam novos caminhos para o ensino com textos literários e não literários na sala de aula.

Referências bibliográficas

ANDRADE, C. D. de. *Sentimento do mundo*. Rio de Janeiro: Record, 2000.

AUTHIER-REVUZ, J. *Palavras incertas*: as não-coincidências do dizer. Trad. equipe coordenada por M. Onice Payer. Campinas: Unicamp, 1998.

BÍBLIA SAGRADA. 2. ed. rev. e atual. no Brasil. Trad. João Ferreira de Almeida. São Paulo: Sociedade Bíblica do Brasil, 1999.

BORTONI-RICARDO, S. M. *Nós cheguemu na escola, e agora?* Sociolingüística e educação. São Paulo: Parábola, 2005.

CASTRO, L. de. Papo-Cabeça/A Crítica–AM. *Folha de S.Paulo*, São Paulo, 20 mar. 2006. Folhateen, p. 6-7.

GERALDI, J. W. *Linguagem e ensino* – exercícios de militância e divulgação. Campinas: Mercado de Letras, 2002.

GNERRE, M. (1985) *Linguagem, escrita e poder*. São Paulo: Martins Fontes, 1998.

GREGOLIN, M. do R. de F. V.; LEONEL, M. C. de M. (orgs.). *O que quer o que pode esta língua?* Brasil/Portugal: o ensino de língua portuguesa e de suas literaturas. Araraquara: Cursos de Pós-Graduação em Letras/FCL-Unesp, 1997.

MARCUSCHI, L. A. *Da fala para a escrita*: atividades de retextualização. 3. ed. São Paulo: Cortez, 2001.

RIOLFI, C. R. Ensinar a escrever: considerações sobre a especificidade do trabalho da escrita. *Leitura: teoria & prática*, *Revista da Associação de Leitura do Brasil,* Campinas, n. 40, p. 47-51, jan./jul., 2003.

ZÉ, T.; CAROLINA, A. Brasil corrupção. *Ana & Jorge ao vivo*. Rio de Janeiro: Sony BMG, 2005. CD.

Sites consultados[2]:

http://www.orkut.com/Community.aspx?cmm=91656\

http://www.orkut.com/Community.aspx?cmm=5851256

---

[2] Como os endereços da Internet podem sofrer alterações, a editora não se responsabiliza por quaisquer problemas nas correções dos sites publicados (N.E.).

ANEXO

MODELO DE FICHA DE ACOMPANHAMENTO DIAGNÓSTICO				
Aluno: _____ Série: _____ Idade: _____				
Data da avaliação: ___/___/_____				
LÍNGUA ORAL				
Elege claramente um interlocutor para falar?	Sabe jogar com os turnos de fala?	Ao reagir à fala de algum colega, considera-a, não dando a impressão de que não percebe quando mudou de tópico?	Se necessário, consegue levar em consideração as reações de seu interlocutor para reorientar sua fala?	Compreende que a fala pode ser reformulada até que se chegue a uma interação desejável?
( ) sempre ( ) acidentalmente ( ) nunca	( ) sempre ( ) acidentalmente ( ) nunca	( ) sempre ( ) acidentalmente ( ) nunca	( ) sempre ( ) acidentalmente ( ) nunca	( ) sempre ( ) acidentalmente ( ) nunca
REFLEXÃO SOBRE A LÍNGUA				
Reconhece as diferenças entre as diversas variações linguísticas da Língua Portuguesa?	Consegue tomar a linguagem como objeto de análise, independentemente do conteúdo veiculado na peça analisada?	Ao produzir enunciados orais e escritos, demonstra conseguir calcular deliberada e antecipadamente seus efeitos de sentido no interlocutor?	Compreende que as condições de produção são diferentes na fala e na escrita?	
( ) sempre ( ) acidentalmente ( ) nunca	( ) sempre ( ) acidentalmente ( ) nunca	( ) sempre ( ) acidentalmente ( ) nunca	( ) sempre ( ) acidentalmente ( ) nunca	

LEITURA				
Seleciona textos de acordo com suas necessidades específicas?	Em um texto longo, é capaz de buscar fragmentos que julga necessário?	Entende o que lê?	Durante o ato de ler, considera as implicações advindas das especificidades dos diferentes tipos de texto?	Durante o ato de ler, consegue orientar sua leitura considerando as diferenças dos diversos suportes?
( ) sempre ( ) acidentalmente ( ) nunca	( ) sempre ( ) acidentalmente ( ) nunca	( ) sempre ( ) acidentalmente ( ) nunca	( ) sempre ( ) acidentalmente ( ) nunca	( ) sempre ( ) acidentalmente ( ) nunca
FRUIÇÃO DO TEXTO LITERÁRIO				
Apresenta interesse pelos diversos tipos de textos literários, lendo-os, inclusive, por conta própria?	Ao ler o texto literário, é capaz de desprender-se do mero reconto do enredo e interpretar seus recursos figurativos?	Ao ler um texto literário, reconhece seus componentes?	Reconhece a diferença entre o autor e o narrador de um texto?	Com base em uma leitura, faz inferências que possibilitem concordar ou discordar das posições ideológicas colocadas?
( ) sempre ( ) acidentalmente ( ) nunca	( ) sempre ( ) acidentalmente ( ) nunca	( ) sempre ( ) acidentalmente ( ) nunca	( ) sempre ( ) acidentalmente ( ) nunca	( ) sempre ( ) acidentalmente ( ) nunca
PRODUÇÃO ESCRITA				
Dá mostras de compreender que a escrita NÃO é uma transcrição da fala?	Consegue manter coerência no desenvolvimento do tema proposto?	Com base em uma leitura, faz inferências que possibilitem concordar ou discordar das posições ideológicas colocadas?	Na medida do possível, respeita a convenção ortográfica da Língua Portuguesa?	Apresenta coesão na produção escrita?
( ) sempre ( ) acidentalmente ( ) nunca	( ) sempre ( ) acidentalmente ( ) nunca	( ) sempre ( ) acidentalmente ( ) nunca	( ) sempre ( ) acidentalmente ( ) nunca	( ) sempre ( ) acidentalmente ( ) nunca